中华精神家园

传统美德

诚信知报

质朴道德的重要表现

肖东发 主编　江传国 编著

中国出版集团
现代出版社

图书在版编目（CIP）数据

诚信知报 / 江传国编著. — 北京：现代出版社，2014.10（2019.1重印）
（中华精神家园书系）
ISBN 978-7-5143-3008-3

Ⅰ. ①诚… Ⅱ. ①江… Ⅲ. ①品德教育－中国－通俗读物 Ⅳ. ①D648-49

中国版本图书馆CIP数据核字(2014)第236302号

诚信知报：质朴道德的重要表现

主　　编：肖东发
作　　者：江传国
责任编辑：王敬一
出版发行：现代出版社
通信地址：北京市定安门外安华里504号
邮政编码：100011
电　　话：010-64267325 64245264（传真）
网　　址：www.1980xd.com
电子邮箱：xiandai@cnpitc.com.cn
印　　刷：固安县云鼎印刷有限公司
开　　本：710mm×1000mm　1/16
印　　张：10
版　　次：2015年4月第1版　2021年3月第4次印刷
书　　号：ISBN 978-7-5143-3008-3
定　　价：29.80元

党的十八大报告指出："文化是民族的血脉，是人民的精神家园。全面建成小康社会，实现中华民族伟大复兴，必须推动社会主义文化大发展大繁荣，兴起社会主义文化建设新高潮，提高国家文化软实力，发挥文化引领风尚、教育人民、服务社会、推动发展的作用。"

我国经过改革开放的历程，推进了民族振兴、国家富强、人民幸福的中国梦，推进了伟大复兴的历史进程。文化是立国之根，实现中国梦也是我国文化实现伟大复兴的过程，并最终体现为文化的发展繁荣。习近平指出，博大精深的中国优秀传统文化是我们在世界文化激荡中站稳脚跟的根基。中华文化源远流长，积淀着中华民族最深层的精神追求，代表着中华民族独特的精神标识，为中华民族生生不息、发展壮大提供了丰厚滋养。我们要认识中华文化的独特创造、价值理念、鲜明特色，增强文化自信和价值自信。

如今，我们正处在改革开放攻坚和经济发展的转型时期，面对世界各国形形色色的文化现象，面对各种眼花缭乱的现代传媒，我们要坚持文化自信，古为今用、洋为中用、推陈出新，有鉴别地加以对待，有扬弃地予以继承，传承和升华中华优秀传统文化，发展中国特色社会主义文化，增强国家文化软实力。

浩浩历史长河，熊熊文明薪火，中华文化源远流长，滚滚黄河、滔滔长江，是最直接的源头，这两大文化浪涛经过千百年冲刷洗礼和不断交流、融合以及沉淀，最终形成了求同存异、兼收并蓄的辉煌灿烂的中华文明，也是世界上唯一绵延不绝而从没中断的古老文化，并始终充满了生机与活力。

中华文化曾是东方文化摇篮，也是推动世界文明不断前行的动力之一。早在500年前，中华文化的四大发明催生了欧洲文艺复兴运动和地理大发现。中国四大发明先后传到西方，对于促进西方工业社会的形成和发展，曾起到了重要作用。

中华文化的力量，已经深深熔铸到我们的生命力、创造力和凝聚力中，是我们民族的基因。中华民族的精神，也已深深植根于绵延数千年的优秀文化传统之中，是我们的精神家园。

总之，中华文化博大精深，是中国各族人民五千年来创造、传承下来的物质文明和精神文明的总和，其内容包罗万象，浩若星汉，具有很强的文化纵深，蕴含丰富宝藏。我们要实现中华文化伟大复兴，首先要站在传统文化前沿，薪火相传，一脉相承，弘扬和发展五千年来优秀的、光明的、先进的、科学的、文明的和自豪的文化现象，融合古今中外一切文化精华，构建具有中国特色的现代民族文化，向世界和未来展示中华民族的文化力量、文化价值、文化形态与文化风采。

为此，在有关专家指导下，我们收集整理了大量古今资料和最新研究成果，特别编撰了本套大型书系。主要包括独具特色的语言文字、浩如烟海的文化典籍、名扬世界的科技工艺、异彩纷呈的文学艺术、充满智慧的中国哲学、完备而深刻的伦理道德、古风古韵的建筑遗存、深具内涵的自然名胜、悠久传承的历史文明，还有各具特色又相互交融的地域文化和民族文化等，充分显示了中华民族的厚重文化底蕴和强大民族凝聚力，具有极强的系统性、广博性和规模性。

本套书系的特点是全景展现，纵横捭阖，内容采取讲故事的方式进行叙述，语言通俗，明白晓畅，图文并茂，形象直观，古风古韵，格调高雅，具有很强的可读性、欣赏性、知识性和延伸性，能够让广大读者全面接触和感受中国文化的丰富内涵，增强中华儿女民族自尊心和文化自豪感，并能很好继承和弘扬中国文化，创造未来中国特色的先进民族文化。

2014年4月18日

先贤奠基——建诚立信

应运而生——守诚报恩

宏扬传承——以诚相待

开创新意——经世致用

先贤奠基

建诚立信

我国从尧舜禹时就奠定了以“诚”为宗、以“信”为旨的思维方式，经过夏商周三代尤其是孔子及儒家弟子的阐发，“诚信”已经成为儒家为人之道的中心思想，并体现在社会生活的方方面面。

在人伦关系中，中华民族不仅有诚信的美德，还有“报恩”的德性，报父母养育之恩，报师长提携之恩，报朋友知遇之恩，报国家培养之恩。

“诚信知报”以其深厚的历史积淀，已经成为我国人道德良知和道德良心的重要组成部分，是我国道德质朴性的重要表征。

帝喾以诚信赢万民

中华民族的诚信思想源远流长，早在4000多年前的帝喾时期就有了很强的诚信观。它是一种美德，一种品质，为中华民族历代所信奉。诚信思想体现了原始社会人们的精神风貌，是中华民族“诚信”美德的历史渊源，对后世产生了极其深远的影响。

帝喾画像

帝喾，号高辛氏，是黄帝的曾孙，父亲叫蟜极，他的伯父是颛顼。相传帝喾生于穷桑，即西海之滨，他的母亲因踏巨人足迹而生了他。

帝喾少小聪明好学，十二三岁便有盛名，15岁佐颛顼，封有辛这个地方，实住在帝丘。有辛就是后来的河南商丘，帝丘就是后来的

■ 颛顼（前2514—前2437年），姬姓，本名乾荒，史称高阳，也称姬颛顼、帝颛顼或玄帝颛顼，为五帝之一，是华夏杰出先祖之一。据说他在位78年，到98岁逝世，葬于濮阳。春秋战国的楚王为其后裔。

濮阳。帝颛顼去世时，30岁的帝喾继颛顼帝位，迁都至亳邑，这里位于现在的河南偃师县西南。

帝喾养性自律，喜好巡游，他东到泰山、东海；东北至辽宁；北到涿鹿、恒山、太原；西北至宁夏、甘肃；西南至四川；南到湖北、湖南至长沙。他几乎游遍五岳，参观了女娲、少昊、黄帝等前人的遗迹。这些传说虽未必真实，但略见当时我国地域之辽阔。

帝喾时期可谓上古时期的太平盛世，这和他的诚信观念有很大关系。他在人民群众中尤以诚信而著称。“嫁女盘瓠犬”的故事历数千年而不衰。

据传说，有一次帝喾出巡大泽，就是现在的湖北洞庭湖一带。当时这里有一个古族叫犬戎，犬戎首领房王心怀不轨，与手下大将吴将军一起，率军围困帝喾，帝喾一时间不得脱险。

危急关头，帝喾悬出赏格：谁能打败房王和房王的吴将军，除了赏黄金千镒、封居有万家的土地外，还把自己的女儿嫁给他。

帝喾当初离开京城太远，兵力又少。将士们虽然奋勇努力，但也无济于事，因为房王的军队很多。吴

黄帝（前2717—前2599），本姓公孙，居轩辕之丘，号轩辕氏，建都于有熊，即今河南郑州新郑市，亦称为有熊氏。黄帝以姬水成，因有土德之瑞，故号黄帝。华夏上古时代一位著名的部落联盟首领，五帝之首，他被尊为中华“人文初祖”。

■ 嫁女盘瓠犬

将军想打进去，杀死帝喾。但房王想，那样不好向天下交代。房王想把帝喾围困在那里，让他饿死困死，所以才没有发动进攻。

帝喾出巡时带了他的女儿同行。他的女儿还带着她养的那条叫盘瓠的狗。盘瓠与主人形影不离，时刻都在保护着主人，非常勇敢，每当外出，总是走在主人前面，探察路径好不好走。而且它非常机灵，主人的一个眼神，它都能明白是什么意思。

盘瓠发现主人这几天不开心，似乎觉得主人有了大难。于是，他咬了咬主人的衣角，然后迅速跑出去，左拐右拐，钻进了房王的驻地。

房王和吴将军都认出来这是帝喾女儿的那条叫盘瓠的狗，很喜欢。就对着它自言自语地说："你是不是知道高辛氏要亡，孤家要兴，所以才来投奔我的？"

盘瓠 我国古代神话中的人物。相传上古时南蛮首领高辛帝麾下有一只神犬，名叫盘瓠。帝喾守信嫁女盘瓠犬，盘瓠与辛女在一起生下了6对儿女。盘瓠死后，"其后滋蔓，号曰蛮夷"，成为中族，大家都尊奉他们共同的祖先。后"盘瓠"音转为"盘古"，成为中华民族的祖先。

当时有个说法，认为狗会带来财运，而假如一只狗突然不期而至，那就预示着将有更大的财运到来。

盘瓠摇了摇尾巴，趁他们不注意，突然发起攻击，很短的时间就咬死了房王和吴将军，并把两个人的头给衔了回来。

在帝喾生死存亡之际，是盘瓠解了他们的被围之苦。帝喾言出必行、履行承诺，真的把女儿嫁给了盘瓠。但是，盘瓠却背着帝喾的女儿跑到深山之中，并与其结婚生育子女。多年以后，盘瓠和帝喾的女儿都去世了。

帝喾得知消息后，就把盘瓠的子女们接回了京城。但这些子女在深山老林里待惯了，很少驯良，有一股野性。帝喾不让他们到处走，也不让家人与他们接触交往，害怕他们带坏了别的孩子。

帝喾深思熟虑后，决定分封他们每个人一片土地，让他们各自为生，免得他们闹得京城不安。盘瓠的子女求之不得，拍着巴掌叫好。

帝喾塑像

后来，盘瓠的子女们有的回到当年他们父母原来住过的山洞，有的到了涂山，自相婚配，子女非常多。有的还渡海东去，得到一片周围300里的地盘，建起一个很大的部落，部落里的人被称为犬封氏。

帝喾的诚信之举，在人们的心目中产生很大影响，所有人都觉得帝喾是一个值得信赖、值得依靠的人。在帝喾的诚信精神带动下，上行下效，人们和睦相处，以不讲诚信为耻，以讲诚信为荣，从而使社

■ 虞舜塑像

会树立起了良好的诚信风尚。

帝喾不仅讲诚信，还以讲究知人善任，以德治国。他继承颛顼的治国策略，并有新的突破。他的治国方略是：

德莫于博爱于人，政莫高于博利于人。政莫大于信，治莫大于仁。

在当时，人们虽有一年四季的概念，但只是日出而作，日落而息，没有一个科学的时辰顺序，严重制约了农业发展和人们生活质量的提高。

为进一步促进农业发展和人们生活质量的提高，帝喾观北斗四时指向，以定时令；用占卜的方式推算望、晦、朔、迎日，以定周天历变，然后颁告天下。

帝喾治历明时，指导人们按照节令从事农事活动。他的这些活动，极大地促进了当时社会生产力的发展，加快了华夏人民迈入农耕文明新时代的步伐。

帝喾了解民间的疾苦，对天下人都一律平等。他绝不违背自然规律，又恭敬地祭祀天地鬼神，祈求神灵降福万民。由于他德行崇高，因此深受百姓的爱戴。在他的治理下，社会富足，人民安居乐业。

帝喾也能知人善任。大羿的射箭技术天下无双，帝喾选拔他担任射官，赐给他彤弓和嚆矢。大羿立下

大羿 上古传说中技术高超的射手。据说当时天有10日，大羿一连射下9个太阳，从此地上气候适宜，万物得以生长。大羿曾经奉命平定叛乱，屡建奇功；又曾经诛杀恶兽，为民除害。数千年来，大羿的事迹广为传颂。需要说明的是，上古的大羿是传说人物，而夏代的后羿是历史人物。

誓言，一定恪尽职守，不负帝喾厚望。当有人发动反叛时，大羿总能凭借高超的射箭技术，最终将其平定。

咸黑长于音乐和制作乐器，帝喾就命他为乐官，终于创作出《九韶》之乐，是当时尽善尽美的乐舞节目。

咸黑不负帝喾重托，还制作出鼙鼓、筝、管、埙、箎等新乐器，使当时的乐曲更加动听了。

帝喾强调以诚信、仁德使天下治，创造了太平盛世。他前承炎黄，后启尧舜，奠定华夏根基，是华夏民族的共同人文始祖。西汉著名史学家司马迁在《史记》中颂扬帝喾说：

> 普施利物，聪以知远，明以察微，顺天之义，知民之急，仁而威，惠而信，脩身而天下服……日月所照，风雨所至，莫不服从。

帝喾作为华夏上古时期一位著名的部落联盟首领，不仅能养性自律，大公无私，而且倡导诚信，明察善恶，为天下人所景仰，为历代帝王所推崇，时至今日，仍有积极意义。

阅读链接

“二帝陵”是颛顼和帝喾的陵墓，位于河南省安阳市内黄县城南30千米的梁庄镇三杨庄土山之阳，颛顼陵居东，帝喾陵居西，两陵相距60米。这种长辈陵冢大、晚辈陵冢小长辈陵位趋前、晚辈陵位在后的殡葬方式，正好印证了颛顼帝“长幼有序”的道德伦理。

史书记载，二帝陵建筑宏伟，碑碣林立，松柏蓊郁，汉代修有陵冢，唐时建庙，宋、金时重修，元代后又多次修葺。历代帝王祭祀不绝，宋代以后列为定制。

尧舜禹的诚信美德

尧作为原始部落的一位首领，他非常注重自己的德行，恪守诚信。当时国家已经出现了萌芽，尧在治理国家方面，一贯坚持“诚信”原则。

尧首先规定百官的事务，他命令羲氏与和氏，敬慎地遵循天数，推算日月星辰运行的规律，制定出历法，把天时节令告诉人们。

又命令羲仲住在东方的旸谷，恭敬地迎接日出，辨别测定太阳东升时刻。昼夜长短相等，南方朱雀七宿黄昏时出现在天的正南方，依据这些确定仲春时节。这

■ 尧 远古五帝之一，史称“唐尧”。他是原始社会末期部落联盟长。他得到帝位后，便在唐县伏城一带建立了第一个都城，后来迁都平阳。当政时期，天下安宁，世风祥和，人们将帝尧的时代视为农耕文化出现进步的时代。

时，人们分散在田野，鸟兽开始生育繁殖。

又命令羲叔住在南方的交趾，辨别测定太阳往南运行的情况，恭敬地迎接太阳从南回来。白昼时间最长，东方苍龙七宿中的火星黄昏时出现在南方，依据这些确定仲夏时节。这时，人们住在高处，鸟兽的羽毛稀疏。

人文始祖

又命令和仲住在西方的昧谷，恭敬地送别落日，辨别测定太阳西落的时刻，昼夜长短相等。北方玄武七宿中的虚星黄昏时出现在天的正南方，依据这些确定仲秋时节。这时，人们又回到平地上居住，鸟兽换生新毛。

又命令和叔住在北方的幽都，辨别观察太阳往北运行的情况。白昼时间最短，西方白虎七宿中的昴星黄昏时出现在正南方，依据这些确定仲冬时节。这时，人们住在室内，鸟兽长出了柔软的细毛。

在尧的安排和百官的努力下，许多事情就都兴办起来。过了些时候，尧又以诚信为标准来考察百官的政绩。

尧说："善治四时之职的是谁啊？我要提升任用他。"

大臣放齐说："您的儿子丹朱很开明。"

羲仲 上古人物。羲氏与和氏是一个部族。羲仲是尧的大臣。尧命他居住在郁夷旸谷，也就是现在的山东日照，观察并推算日月星辰的运行变化规律，制定历法。后在古羽山一带建立"羲和之国"，被举为部落首长，是为东方一国之君。后为"少昊之国"代替。

■ 舜 我国传说中父系氏族社会后期部落联盟领袖。舜，也称虞舜，生于姚地，今河南濮阳，以地取姓氏为姚。姚姓族人是黄帝、舜的后裔。舜帝是中华民族的共同始祖。他不仅是中华道德的创始人之一，而且是华夏文明的重要奠基人。

尧说：“唉！他说话虚妄，又好争辩。”

尧说：“善于处理我们政务的是谁呢？”

三苗首领驩兜说：“共工防救水灾已经具有成效。”

尧说：“他花言巧语，阳奉阴违，貌似恭谨，而气焰很高。”

尧说：“四方诸侯之长，滔滔的洪水普遍危害人们，水势奔腾包围了山岭，淹没了丘陵，浩浩荡荡，弥漫连天。臣民百姓都在叹息，有能使洪水得到治理的人吗？”

人们都说：“鲧吧！”

尧说：“他违背人意，不服从命令，危害族人。”

四方诸侯之长说：“起用吧！试试，就用他。”

尧说：“去吧鲧，要谨慎啊！”

过了9年，鲧治水无果，尧就让他的儿子禹继续做这件事。禹表示一定完成这个任务。

后来，尧对四方诸侯之长说：“我在位70年，你们能用我之命，升任我的帝位吧！”

四方诸侯之长说：“我们德行鄙陋，不配升任帝位。”

驩兜 是古代传说中尧帝时的三苗族的首领，曾加入过炎黄部落联盟和华夏联盟。传说他后来因为与共工、鲧一起作乱，而被舜流放至崇山。现今的崇山在湖南张家界市，当地山上有驩兜墓、驩兜屋场、驩兜庙等古遗迹。

尧说：“可明察贵戚，也可推举地位低微的人。”

众人提议说：“下面有一个名叫虞舜的人。”

尧说：“我也听说过此人，这个人怎么样呢？”

四方诸侯之长回答说：“他是乐官瞽叟的儿子。他的父亲心术不正，后母说话不诚，弟弟傲慢不友好，而舜能同他们和谐相处。因他的孝心醇厚，治理国务不至于坏吧！”

尧说：“我试试吧，把我的两个女儿嫁给舜，从两个女儿那里观察舜的德行。”

于是尧帝命两个女儿下到妫水湾，嫁给虞舜，派虞舜到各地去同群众一起干活。

虞舜到历山脚下去种地。原来那里的农民经常为了争夺土地而闹得不可开交，虞舜一去，农民们就互相谦让，你帮我，我帮你，把生产搞得很好。

虞舜到雷泽地方去捕鱼。本来那里的渔民经常为了争夺房屋而打得头破血流，虞舜一去，渔民们就互相让房屋，和睦得像一家人。

虞舜到河滨去烧制陶器。原来那时的陶工干活粗制滥造，陶器

虞舜孝感动天图

■ 尧舜禅让图

的质地粗劣，虞舜一去，陶工们就认真工作，制作出来的陶器十分精美。

虞舜每到一个地方，人们都紧紧跟着他。舜时父权制已确立，私有财产也已产生。舜拥有许多私有财产，有牛羊，仓库里储存许多物品。

虞舜的父亲和弟弟象听说后又起了歹意。有一回，瞽叟叫舜修补粮仓的顶。当舜登梯子爬上仓顶的时候，瞽叟就在下面放起火来，想把舜烧死。舜在仓顶上一见起火，想找梯子，梯子已经不知去向。幸好舜随身带着两顶遮太阳用的笠帽。他双手拿着笠帽，像鸟张开翅膀一样跳下来。笠帽随风飘荡，舜轻轻地落在地上，一点也没受伤。

瞽叟和象并不甘心，他们又叫舜去掏井。舜跳下井后，瞽叟和象就把一块块土石丢下去，把井填没，

陶器 是用黏土烧制的器皿。质地比瓷器粗糙，通常呈黄褐色，也有涂上别的颜色或彩色花纹的。新石器时代开始大量出现。陶器的发明是人类文明的重要进程，是人类第一次利用天然物，按照自己的意志创造出来的一种崭新的东西。

想把舜活活埋在里面，没想到舜下井后，在井边掘了一个孔道，钻了出来，又安全地回家了。

以后，舜还是像过去一样和和气气地对待他的父母和弟弟，瞽叟和象也不敢再暗害舜了。

唐尧听说虞舜这样宽宏大量，对他更加放心了，就把治理天下的大权交给了他。

虞舜行使治理大权后，不仅本人恭敬诚信，而且他考察百官，以诚信为标准来确定功绩。为此，他要求百官生产依时，安抚远近臣民与百姓，并希望他们安抚远方，爱护近邻，尚厚德，信任善类。

舜让禹总揽朝政，嘱咐他做好百揆这件事；又让弃主持农业，教人们播种各种谷物；让契做司徒，谨慎地施行五常教育；让皋陶做狱官之长；让垂做掌管百工的官；让益、朱虎和熊罴担任虞官；让伯夷做掌管祭祀的礼官；让夔主持乐官，教导年轻人；让龙做纳言的官，早晚传达命令。最后嘱咐他们要谨慎，要好好领导天下大事。

舜在派遣皋陶去蛮夷做官时，一再叮嘱他明察案情，处理事情诚信公正。舜在命龙为纳言官时，希望他如实传达下面的意见，诚实守信。在舜的直接垂范

祭祀 是华夏礼典的一部分，更是儒教礼仪中最重要的部分，礼有五经，莫重于祭，是以事神致福。祭祀对象分为3类：天神、地祇、人鬼。天神称祀，地祇称祭，宗庙称享。祭祀的法则详细记载于儒教圣经《周礼》《礼记》中，并有《礼记正义》《大学衍义补》等书进行解释。

■ 皋陶 史书典籍中多称为“大业”。他是舜帝和夏代初期的一位贤臣，曾经被舜任命为掌管刑法的“理官”，以正直闻名天下。他还被奉为古代司法鼻祖。上古中华第一任司法部长和首席大法官，后常为狱官或狱神的代称。

下，大臣们无不以讲诚信为荣。

皋陶不仅明确要求自己诚实地履行先王美德，做到决策英明，群臣和谐，还提出用“九德”作为检验人的行为标准。

皋陶提出的“九德”，就是宽宏而坚实，柔顺而卓立，谨慎而恭敬，多才而认真，和顺而刚毅，正直而温和，简易而方正，刚正而充实，坚强而又合宜。

皋陶强调说：“发扬并保持这些美德，就会办事顺利。”

舜帝3年考查一次百官的政绩，考查3次后，根据百姓对百官的诚信程度，罢免昏庸的官员，提拔贤明的官员。由于百官大臣纷纷效仿舜，呈现出相互信任和谐的局面，社会也呈现出一片和乐景象，“百姓昭明，协和万邦”“盗窃乱贼而不作，故外户而不闭，

天子 顾名思义，天之嫡长子。在我国古代时期，封建君主认为王权为神所授，其命源天，是对封建社会最高统治者的称呼。自称其权力出于神授，是秉承天意治理天下，故称帝王为天子，也自称为朕。朕代表皇帝的说法，出自秦国丞相李斯。他对秦始皇说“臣等昧死上尊号，王为泰皇。命为制，令为诏，天子自称曰朕。”

■ 大禹治水图

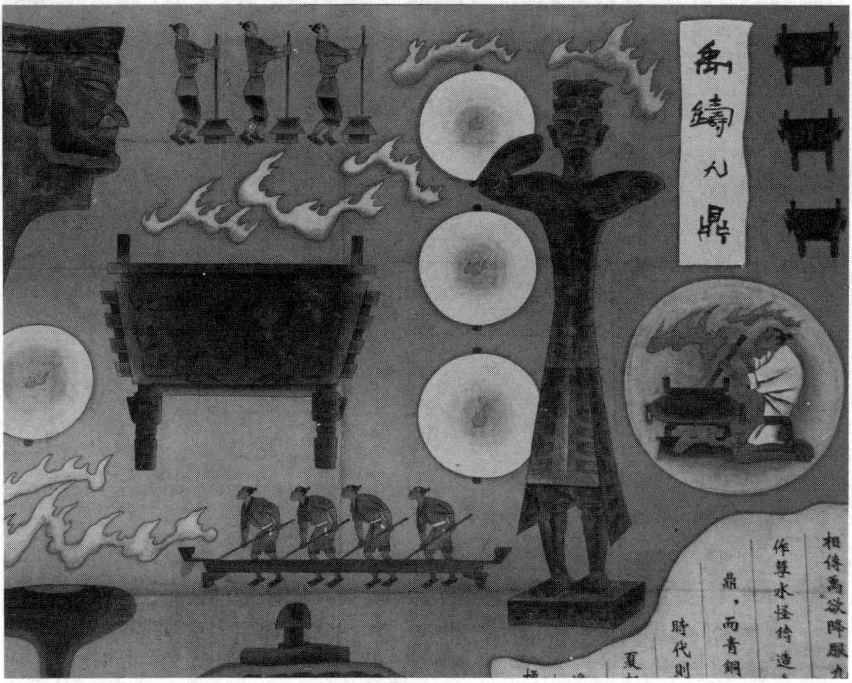

■ 禹铸九鼎图

是谓大同”。

禹是夏王朝的建立者。早在帝尧时，就接替父职治理洪水。为了不失信于尧，禹挑战艰难，开始了治理洪水的工作。

在治水期间，禹翻山越岭，蹚河过川，拿着测量工具，从西向东，一路测度地形的高低，树立标杆，规划水道。他带领治水的民工，走遍各地，根据标杆，逢山开山，遇洼筑堤，以疏通水道，引洪水入海。就这样，禹完成了舜交给他的使命，实现了当初治水成功的诺言。

舜在位33年时，正式把天子之位禅让给了禹。17年以后，舜在南巡中逝世。在诸侯的拥戴下，53岁的禹正式即王位，以安邑为都城，国号夏。又收取天下

禹 姒姓，夏后氏，名文命，号禹，后世尊称其为大禹。他是夏后氏首领、夏朝第一任君王。他是我国传说时代与尧、舜齐名的贤圣帝王。他最卓著的功绩，就是历来被传颂的治理滔天洪水，又划定我国国土为九州。大禹为了治理洪水，长年在外与民众一起奋战，耗尽心血与体力，终于完成了这一件名垂青史的大业。

大禹治水图

的铜，铸成了九鼎，作为天下共主的象征。

九鼎是国家最重要的礼器。后人所说的“一言九鼎”，意思就是一句话抵得上九鼎重，比喻人们在说话时，信守承诺的力量起着决定性的作用。

由此我们发现，古代在阶级社会产生以前就已经存在诚信道德，就是在阶级社会里，讲诚信也是开明管理者的道德要求。这种重视诚信的思想，是我国所固有的一种优良传统，也是延续了几千年的一种民族美德，在儒家的思想体系里，是伦理道德内容中的一部分。

阅读链接

夏禹王是为中华民族的历史发展作出了巨大贡献的伟大历史人物。他的重大功绩不仅在于治理洪水，使人民安居乐业，更重要的是结束了我国原始社会部落联盟的社会组织形态，创造了“国家”这一新型的社会政治形态，并以九州大致构成夏王朝的核心领土范围。

夏禹王完成了国家的建立，用阶级代替原始社会，以文明时代社会代替野蛮时代社会，推动帝王室历史沿革发展。禹传位于子启，改变了原始部落的禅让制，开创了我国近4000年世袭王位之先河。

夏商周时代的诚信

商汤

如果说尧舜禹的诚信只是反映上古时代的风貌，那么夏商周时期的开明君主对“诚信”道德的理解，则是与他们的天命观念联系在一起的，这在周代人那里表现得尤为突出。

天命观念是人类认识活动的一种产物。随着人类认识活动的进一步发展，人们试图将包括宇宙自然和人类社会的客观世界作为整体来把握，并试图探索其运动变化的根本原因。这样，一种主宰人类和自然万物的天帝神就应运而生了。

自夏王朝建立以来直至周代以前，天命具有一种超人间的力量。夏启讨伐有扈氏，便赋予了上天意志的色彩。

■ 商汤画像

《甘誓》一书记载："上天要灭亡有扈氏，现在我夏启奉行上天对他的惩罚。"

商汤讨伐夏桀，打出的也是"恭行天命"的旗号。《汤誓》记载："夏桀这人罪恶滔天，上天命令我来灭掉他"；"夏桀有罪，我敬畏天帝，不敢不去征讨"；"你们只要辅佐我，行使上天对夏桀的惩罚，我将大大地赏赐你们！你们不要不相信，我决不会不守信用。"

既然是"天帝"的意志，"天帝"乃是世间万物的主宰，谁敢不从？所以，天命乃是一种绝对的天命。这样，就使替天行道增加了合理性。

殷商人完全因袭了这种绝对的天命观，并把它推向顶峰。在殷商人看来，至高无上的万能神就是"帝"或"天帝"。"帝"的意志即是天命，它不仅管理着宇宙自然，也支配着人类社会。

据对殷墟卜辞的研究资料表明，殷人的"帝"或"天帝"，是掌管自然现象的主宰，有一个以日月风雨为其臣正使者的帝廷。殷商管理者认为，商王朝是由"天帝"的儿子按照"天"的旨意建立起来的。这样，商王不仅取得了"天帝"的意志，而且也取得了人间管理的政治合法性。

《甘誓》是夏启在准备讨伐有扈氏时，在甘，即现在的陕西户县西南发布的战争动员令。《甘誓》是迄今为止我国发现的最早的带有军法性质的规范。这篇誓词包含两层意思：一是宣布有扈氏的罪行，对其讨伐是代天行罚；二是申明军纪和赏罚。

殷商管理者还认为，作为至尊之神的“天帝”，就是宇宙的自然神，也是商人的祖先神。这种“祖神合一”的思想在于，祖宗是保佑其子孙后代的，那么商王朝的管理地位也必定会得到“天帝”的庇护。

盘庚为了说服臣民迁都，他曾经说这是天的意志，既然是天的意志，人们在当时就纷纷顺从了。商纣在行将灭亡之际，也以“我生不有命在天”来为自己找到一把“保护伞”。然而他不仅没有得到天帝的庇护，反而遭到了天帝的惩罚。

同样是“天命”，为什么会产生截然不同的结局呢？这引起了周人的思考。通过认真思考，周人认识到“天不可信”。

周人为了解释其灭掉殷商建立新政权的合法性，又用了殷人的天命观，比如周武王伐纣，就说“今予惟恭行天之罚”，意思是说，现在我奉天之命进行惩罚。

周人的天命观是在殷人的天命观基础上作了重大损益的。其突出表现，就是赋予“天命”以人为的因素，将人的德行与“天命”统一到了一起，即“以德配天”。

所谓“以德配天”，就是说，“天帝”还是人间的庇护神，不过“天帝”对人间的庇护则不是绝对的，而是附加条件的，这种条件便是管理者的品德操行。

周武王 （约前1087—约前1042），周文王的次子。谥号“武”。西周时代青铜器铭文常称其为“珷王”，史称“周武王”。他继承父亲遗志，灭掉商代，夺取全国政权，建立了西周王朝，表现出卓越的军事和政治才能，成为我国历史上的一代明君。

■ 商汤塑像

大夫 古代官名。西周以及先秦诸侯国中，在国君之下有卿、大夫、士三级。大夫世袭，有封地。后世遂以大夫为一般任官职之称。秦汉以后，中央要职有御史大夫，备顾问者有谏大夫、中大夫、光禄大夫等。至唐宋尚有御史大夫及谏议大夫之官，明清时废。又隋唐以后以大夫为高级官阶之称号。

也就是说，管理者具备良好的品德操行就会得到“天帝”的庇护，管理者丧失良好的品德操行便会受到“天帝”的惩罚。

因此，以好的德行等待接受天帝的命令，上天就会不断赐福给你。夏桀和商纣为什么灭亡？是因为夏桀荒淫暴虐，得罪于天，夏王朝才被终结；纣王荒淫暴虐，得罪于天，商王朝才被终结。

在这里，“天命”与“敬德”是相统一的，遵“天命”就应该“敬德”，敬德就是遵“天命”。同时，敬德的目的则是为了保民。

因为上天的视听都依从民众的视听；上天的赏罚，都依从于民众的赏罚，上天和下民之间是相通的。所以，君以德待民，民也以德奉上，正所谓“信诚匡助”。同时，讲诚信又是包含在敬德之中的。因为有德则有信，丧德则失信。

另外，诚信又是与“天帝”的意志相统一的。讲诚信则受到天帝的帮助，失诚信则得到天帝的惩罚。国家的巩固在于讲诚信，上天是辅助诚信者的。

■ 周公 姓姬名旦，又称周公旦，也称叔旦，谥“文公”。他是周文王的儿子，是西周初期杰出的政治家、军事家和思想家。他曾先后辅助周武王灭商、周成王治国。制定和完善宗法、分封等制度，使西周奴隶制获得进一步的巩固。

■ 周公东征图

为了进一步说明这一点，周公明确提出：上天是帮助诚信者的，如果不懂得对天命诚信，就会丧失天命，不能长久。上天对诚信者的帮助，在民情上完全表现出来。也就是说，讲诚信者，则得民信；得民信者，则得民心；得民心者，则得天下。

对于诚信，周公明确指出："我周公旦率领众位卿大夫和治事官员，努力地巩固先王已完成的大业，为了符合民众的心愿，建设周邦，当以诚信为先。"

西周管理者还把"信"纳入"九德"和"九行"之中。九德是忠、信、敬、刚、柔、和、固、贞、顺，九行是一仁、二行、三让、四信、五固、六治、七义、八意、九勇。体现了西周开明管理者对诚信的高度重视。

周人的"诚信"思想，还体现在古籍《周易》中。据《易传》的解释，六十四卦中的《中孚》卦就是讲诚信之道的。它从人之内心的诚信说起，指出这

《周易》是古代的一部哲学书籍，也称《易经》，简称《易》。《周易》是我国传统思想文化中自然哲学与伦理实践的根源，对我国文化产生了巨大的影响。是中华人民智慧与文化的结晶，被誉为"群经之首，大道之源"。

爻辞 说明爻义的文辞，《周易》六十四卦，每卦6爻，共384爻，加上乾、坤两卦各有一用爻，总共为386爻，故有386爻辞。每爻先列爻题，后为爻辞。爻辞是组成各卦内容的主要部分。其体例内容、取材范围与卦辞相类。

种诚信，其实质是内柔刚中，和悦谦逊；其价值是能感化邦国。如果把此种美德发扬光大，遍及万物，则吉无不利。它强调，人的诚信之德，源于天的诚信之德。由人而及天，可谓尽心、知性、知天。

除了在《中孚》一卦中集中讨论了诚信的问题之外，《周易》还在各卦的相应爻辞中提示了诚信的价值和意义。这些卦爻辞，都从不同的侧面涉及诚信的问题。

例如，《需》卦强调需待之时，心怀诚信，光明亨通，可以获得吉祥。

《比》卦初六强调以诚信之心亲比君主，可以免遭咎害。

《小畜》六四强调诚信，可得他人之助，而免除忧患和咎害，而《小畜》九五则强调人若把自己的诚信之心扩充，则能富及其邻。

《大有》六五强调以诚信之心交往上下，则威严

■ 周公制礼作乐图

自显，并获吉祥。

《随》九四强调只要心存诚信，光明磊落，就不会有任何咎害。

《坎》卦则强调只要心存诚信，就能使内心亨通，努力前行必被崇尚。

从上举诸卦爻辞中不难看出，诚信作为一种美德，对人是十分有益的，只要你去修养它，就能得享亨通；只要你去遵行它，就能获得吉祥。这表明，诚信之为德，与人的身心行为是须臾不可离的。

周人把诚信思想与天命观有机地统一起来，不仅是对“以德配天”作出的合理诠释，而且也体现了诚信、天命、敬德和保民的一致和统一。

阅读链接

周公为了周王朝的长治久安，曾经“制礼作乐”。“礼”强调的是“别”，即所谓“尊尊”；“乐”的作用是“和”，即所谓“亲亲”。

有别有和，是巩固周人内部团结的两方面。对巩固和发展周王朝起到了关键性的作用，对我国历史的发展产生了深远影响。被尊为儒学奠基人，是孔子最崇敬的古代圣人。

孔子阐发的诚信思想

孔子像

先秦诚信思想历经数百年的传承，至春秋时期，经过孔子的阐发，成为孔子道德体系中的重要内容，后来发展成为儒家思想的重要组成部分。

孔子，春秋时期鲁国陬邑人，即现在的山东曲阜市南辛镇。他是当时的大思想家和大教育家、政治家，儒家学派的创始人。

孔子的伦理思想，以“仁”为核心和最高的道德标准，“信”是这一道德标准的必然要求。孔子提出，做人要以忠和信两种道德为主。他要求学生“入则孝，出则悌，谨而信，泛爱众而亲仁”，以便通过孝、悌、信、爱等品质

■ 曾参　（前505—前435），16岁拜孔子为师，颇得孔子真传。积极推行儒家主张，传播儒家思想，将孔子的言行整理成《论语》。他的修齐治平的政治观，以孝为本的孝道观影响我国2000多年。

的培养而迈向“仁”的境界。

孔子的学生曾参特别重视“信”的修养。《韩非子·外储说左上》记载了这样一个故事：

有一天，曾参的妻子要去赶集，他的儿子哭闹着要一同去。妻子就对儿子说：“你在家好好听话等妈妈回来，杀猪给你吃。”儿子信以为真，不闹了。

曾参回家以后，儿子把妈妈要杀猪的事告诉了他。曾参沉吟了片刻，就和儿子一起去把猪绑了起来，准备宰杀。

妻子回来了，连忙制止：“别杀猪，我是跟孩子说着玩的。”

曾参严肃地说：“对小孩子是不能随便开玩笑的，孩子年幼无知，父母教什么，孩子就学什么。你要骗他，他就会去骗别人，这怎能教育孩子向善呢？”最后还是把猪杀了。

这个故事表现出曾参在“信”的问题上不容丝毫苟且，他既以此教育儿子，其实同时也是自己修身以实现人格自我完善的需要。

“信”是“仁”的必要条件，但并非充分条件。所以，孔子说：“有仁德的人必然能说出好的话。”

儒家学派　又称“儒学”“儒家学说”“儒教”。最初指的是冠婚丧祭时的司仪，自春秋时期起指由孔子创立的后来逐步发展以仁为核心的思想体系。是古代最有影响的学派，对我国以及东方文明发生过重大影响并持续至今的意识形态，儒家思想是东亚地区的基本文化信仰。

■ 子张 （前503—？），孔门弟子之一。出身微贱，且犯过罪，经孔子教育成为“显士”。虽学干禄，未尝从政，以教授终。孔子去世后，独立招收弟子，宣扬儒家学说，是“子张之儒”的创始人。

但能说出好的话、能做到“信”的人却不一定就具备了仁德。那么，怎样才能做到“仁”呢？

孔子在回答子张问仁时解释了这个问题。他说：“能够处处实行5种品德，就是仁人了。”

子张说：“请问哪5种？”

孔子说：“庄重、宽厚、诚实、勤敏、慈惠。庄重就不致遭受侮辱，宽厚就会得到众人的拥护，诚信就能得到别人的任用，勤敏就会提高工作效率，慈惠就能够使唤人。”

“仁”既是孔子伦理思想的核心，也是一个兼涵诸德的总的道德规范，它要求在人际交往中必须做到“信”。

孔子认为，“信”是立身的关键。他说：“一个人如果不讲信用，真不知道他怎么处世，这就像牛车没輗，马车没有軏一样，那车怎么能走呢？”

“信”对于个人虽然不是最重要的道德品质，但它在人的言语、行为中同样起着重要的关联作用，即言语是否符合实际；行为是否符合言语。因此，诚信是人安身立命的关键；人无信则无以立、无以行。

孔子及其弟子一贯非常重视学习，而学习的目的

颜回 （前521—前482），名回，字子渊，春秋末鲁国曲阜人。14岁即拜孔子为师，此后终生师事之。在孔门诸弟子当中，孔子对他称赞最多，不仅赞其“好学”，而且还以“仁人”相许。历代文人学士对他也无不推尊有加，历代管理者也无不尊奉颜子。

是“知道义”，做好人，但如果有人没经过学习便能做到尚贤轻色，竭其力侍奉父母，忘己忘家事君主，同朋友交往诚实守信，那就等于学过了。因而，朋友之间的诚信是学习做人的重要内容。

孔子的学生子夏说：“看重实际的德行，轻视表面的姿态；侍奉父母，能够竭尽全力；服侍君主，能够献出自己的生命；同朋友交往，说话诚实恪守信用。这样的人，尽管他自己说没有学习过，我一定说他已经学习过了。”

曾参每日反省：“我每天多次反省自己，为别人办事是不是尽心竭力了呢？同朋友交往是不是做到诚实可信了呢？老师传授给我的学业是不是复习了呢？”其中就有一条是讲交友时做到诚信。

诚信是建立朋友关系的基础，是维护朋友关系的准则，而朋友之间的相互信任则是朋友关系的理想状态和境界。孔子认为，贤者不会轻易去怀疑别人。

孔子在谈到交友之道时，主张要与正直、诚实、见闻学识广博的人交朋友。孔子与颜回谈到了自己的志向，其中一条就是使朋友相互得到信任。孔子认为君子对于事业应当是在以道义为原则的基础上，靠诚信来完成。

孔子指出，是否有诚信的态度，做事的效果是大不相同的。

■ 子夏（前507—？），“孔门十哲”之一，“七十二贤”之一。主张国君要学习《春秋》，吸取教训，以防止臣下篡权。还主张做官要先取信于民，然后才能使其效劳。李俚、吴起都是他的弟子，魏文侯也尊其为师。

礼　在我国古代，礼是社会的典章制度和道德规范。作为典章制度，它是社会政治制度的体现，是维护上层建筑以及与之相适应的人与人交往中的礼节仪式。“礼”作为道德规范，它又是领导者和贵族等一切行为的标准和要求。

有一次，子张问如何才能使自己到处都能行得通。孔子说：“说话要忠信，行事要笃敬，即使到了蛮貊地区，也可以行得通。说话不忠信，行事不笃敬，就是在本乡本土，能行得通吗？”

孔子要子张将“忠信笃敬”这几个字时时刻刻牢记在心，他说：“站着，就仿佛看到忠信笃敬这几个字显现在面前；坐车，就好像看到这几个字刻在车辕前的横木上，这样才能使自己到处行得通。”

子张把这些话写在腰间的大带上。果然使自己到处行得通，终至事事成功。

诚信作为一种道德品质，它也是政治的基础和从政的需要。孔子认为，诸侯国的治理者对政事应严肃认真，又严守信用。

有一次，子贡问怎样治理国家时，孔子回答：“足食，足兵，民信之矣。”也就是说，获取民众的信任与支持、拥护是最重要的，它将决定国家政权的兴亡。

■ 孔子出游图

孔子生活的春秋末年，礼坏乐崩，他试图通过信与礼，去恢复社会秩序，特别是遭破坏的合理的封建制度。孔子提倡诚信，强调诚信，但决不主张盲目的诚信。在“信”的标准上，孔子坚持“义以为上”“义以为质”，在具体运用中则又表现出了丰富的辩证法思想。

■ 孔子读书画像

孔子对义表现出了相当的推崇。他说：“君子喻于义，小人喻于利。”把是否懂得“义”作为区分君子与小人的重要标志。

在谈到建功立业的问题时，孔子说：“君子以义作为根本，用礼加以推行，用谦逊的语言来表达，用忠诚的态度来完成。”认为“义”是立业的基本原则和根本之所在。

当弟子问怎样提高品德时，孔子的回答是：“以忠信为主，使自己的思想合于义，这就是提高道德修养水平了。”认为要提高品德，就要以忠诚信实为主，并努力做到符合“义”。

他又说：“君子对于天下人，无专主之亲，无特定之疏，唯以道义是从。即不问亲疏，但以道义是亲，即以义为处世准绳。”具体到诚信问题上就是：君子对于“信”，并不一定要做，也不一定不做，关

君子 特指有学问有修养的人。“君子”一词出自《易经》，被全面引用最后上升到士大夫及读书人的道德品质，始自孔子，并被以后的儒家学派不断完善，成为中国人的道德典范。“君子”是孔子的人格理想。君子以行仁、行义为己任。《论语》一书，所论最多的，均是关于君子的论述。

■ 孔子讲学场面

键看是否合于义。

“信”是一项重要的道德品质，每一个人都应当努力实行。那么，在“信”的实行中应注意些什么呢？孔子提出了以下几点：

一是应该“谨而信”“敏于事而慎于行”。这是一种相对保守的做法。话一出口是收不回来的，因此，为防止说出的话不符合实际或无法信守、实行。孔子认为君子应“敏于事而慎于言”或“讷于言而敏于行”，甚至应“先行其言而后从之”。

当有弟子问仁于孔子时，孔子回答：“做起来很困难，说起来能不慎重吗？”南宫适反复提醒自己说话一定要小心谨慎，孔子对此极为赞许，竟把侄女嫁给了他。

二是必须好学以使信合于义。这是一种积极的做法。他说自己“十有五而志于学，三十而立，四十而不惑，五十而知天命，六十而耳顺，七十而从心所

士 上古时期掌刑狱之官，为贵族阶层，多为卿大夫的家臣。春秋末年以后，逐渐成了统治阶级中知识分子的统称。战国时期的“士”，有著书立说的学士，有为知己者死的勇士，有懂阴阳历算的方士，有为人出谋划策的策士等。

欲，不逾矩”。正因为从小立志学习，以后又努力不懈，不断精进，才至于深明道义，终至“从心所欲，不逾矩”。所以，他认为要想真正做到忠信，就必须好学以明道义。

三是必须坚守“义”这一标准，又灵活运用这一标准，这是实行“信”的根本。

君子应当讲的大信，不容丝毫含糊。至于那种不问义理是非、固执拘泥的小人之信，则不要计较。正如子夏所说：“在德操大节上不要超过界限，在细微小节上有点出入是可以的。”

“信”，一般说来，要求做到“言必信，行必果”，但也有特殊情况。当子贡问什么样的人才配称“士”时，孔子认为，“言必信，行必果”的人能称之为“士”；而那些不大懂得是非曲直，在大事上可能有些糊涂的人，就不能称其为“士”。

因此，孔子认为，在不懂得是非曲直的所谓“士”的要挟下订立的盟誓，就可以不去理睬。诚信伴随着孔子的一生，他关于诚信的一言一行，几千年来影响着国人，特别是影响着知识分子。

阅读链接

孔子一生讲究诚信，但也并非凡是说过的话就一定要做，这要看具体环境中的具体情况。在某些特殊的情境下，就可以说而不做。

公元前496年的一天，孔子一行经过蒲邑时，遭蒲人拦截。蒲人要孔子答应不返卫国，就给他放行，孔子应允后，刚一离开蒲地就奔往卫国。

子贡问为什么，孔子认为，受胁迫所说的诺言是不必遵守的。也就是说，只有符合义的信约诺言，才能去实践、兑现。包括受胁迫所订的盟约，往往有悖大义，自然是不值得去履行的。

孔子的信行与报恩

孔子不仅是诚信的倡导者，也是诚信美德的积极实践者，更是一个胸怀仁爱，而且懂得报恩的大贤。

一天，子路向老师孔子汇报工作，谈到这样一件事：有一位老农，年逾古稀，一生以务农为本，勤劳俭朴，遵纪守法，在乡里享有名望。可是他有一个儿子对他不孝顺，每天不让他吃饱饭，而且吃的都是粗粮。

老农听到中都有了父母官，就想打官司告儿子虐待他，但一生忠厚的老农不敢面见官府。正当这时，子路来到了这个村子，在乡邻们的引领下，老农找

■ 子路 （前542—前480），孔子得意门生。性格爽直率真，有勇力才艺，敢于批评孔子。孔子了解其为人，评价很高，认为可备大臣之数，做事果断，信守诺言，勇于进取。

到了子路，诉说了儿子不孝的情形。

子路听了十分生气，就把他儿子找来，教育他要孝顺父母，并限他立即改正，儿子当面答应了子路所提出的要求。但是，事情过后，这个不孝子不但不改正错误，反而变本加厉地虐待父亲，经常不给他饭吃。

老人这次在乡邻的指引下，来到中都向子路投诉。子路答应在3天内一定把这件事办好，并嘱托同来的乡邻照顾好老者。也许是事情太多，子路就把这件事情给忘记了。10多天后，老农来到衙门告状。当时孔子担任中都宰，掌管民事刑事案件。

■ 孔子杏坛讲学图

孔子问道：“老人家，你来有什么事？”

老者把几次见子路的经过和子路的答复一一告知了孔子。孔子对子路处理问题的拖沓作风十分不快。他先亲自扶着老人进入内间，交代用餐事宜，然后，立即叫人传来了子路。

孔子表情庄重，严肃地对子路说：“一个人没有信用，就难以立足。你答应了老农的事又拖着不办，失信于百姓，这怎么行呢？”

子路知道错了，也没有辩护，只诚恳地说：“我对这老者是十分同情的！”

孔子说：“同情而不解决问题，同情就只能是一句空话。一个有道德的人在处理问题上应该忠诚信

官司 “官司”一词是民间从古到今的通俗说法。“官”和“司”旧时本意都指“官方”“官府”“官吏”“掌管”等意思，因而，发生利害冲突的双方到官府或官员那里去请求裁决是非，官府或官员根据查明的事实作出裁断的整个活动，民间就称之为“官司”。

实，答应的事情就应该去做完，做好。你叫人去把这个不孝之子给我带来，我亲自来处理。”

子路遵照老师的指示，立即将这个不孝儿子带来了。子路发现，老师看到这个人后，肃穆庄严的面容中，还带有几分怜悯痛惜的神情。子路又一次感受到了老师的仁慈之心。

孔子沉吟片刻，才开口问道：“你有儿子吗？”

不孝儿子说：“有。”

孔子问：“儿子生下来时有多长呀？”

不孝儿子说：“不过一尺。”

孔子问：“那现在有多高了？”

不孝儿子说：“6尺有余。”

孔子问：“是谁养他这么高的？”

孔子讲学图

不孝儿子说：“是我和他的母亲。”

孔子问：“那你是谁养大的呢？”

不孝儿子说：“是我的父母。”

孔子问：“你知道是你父母将你养大的，这就好了。”孔子又问，“你现在多大？”

不孝儿子说：“32岁。”

孔子说：“再过20年，你的年纪将是你父亲今年的年龄。那时你也不能种庄稼了，谁来养活你呀？”

孔子讲学图

不孝儿子说：“靠儿子来养活。”

孔子说：“你今天不愿赡养你的父亲，到时，你的儿子也向你学习，以你今天对你父亲的态度来对待你，你有什么办法？”

不孝儿子无言以对。

孔子说：“生你养你的父母你不赡养，应由哪个来养？”

不孝儿子哑口无言。

孔子说：“父母养育之恩，应该尽心尽力报答。羊尚有跪乳之恩，乌鸦有反哺之义，你这不孝之子，连禽兽都不如，何谈有半点人性，你可知罪？”

这时，不孝儿子说：“小人一时糊涂，小人知罪！”

孔子说：“知罪就好。今后你应该如何对待你的父亲？”

不孝儿子说：“我一定赡养他，让他有饭吃。”

孔子又说：“你的所谓孝，只要有饭给他吃，养活他就行了吗？如果不真心孝敬你的父母，这和你饲养的狗、马又有什么区别呢！”

不孝儿子连忙说：“大人饶恕，小人今后一定恭敬诚心地赡养他

老人家。”

孔子说：“那就好了。你今天既是父亲又是儿子，做父亲就应该像个做父亲的样子，做儿子就要像个做儿子的样子，这才是美德。今天你有悔改，我就不再追究你的罪过了，快快将你父亲接回去吧！”

不孝儿子说：“大人的教诲，小人终生难忘！”

孔子要子路将老者扶起来，儿子对父亲痛哭流涕，悔愧不已。孔子又将老者送出门外。

孔子处理的这件事，给子路树立了表率，使子路很受教育，知道了诚信的重要，从此以后，实实在在地履行诚信，做到了“无宿诺”，即当天答应的事情不放到第二天才完成。同时，这件事也教育了中都的百姓，人们知道了后，就很少有不孝的事情发生了。

孔子不仅凡事讲诚信，还宽心仁厚，以仁为本去看待事情，并且注重报恩。下面这个典型事件，集中反映了孔子这方面的思想。

公元前492年，孔子带领弟子子路、司马牛等人进入宋国边界，见一群军校手持鞭子正在驱赶上百民工搬运石头，为只有38岁的宋国大司马修造坟墓。有一位年近70岁的老者，因精疲力竭昏厥倒地，军校见了走过去，皮鞭像雨点似的落在他身上。

孔子目不忍睹，叫子路前去劝阻。军校举鞭向子路抽来，子路拔剑将他手中的鞭子削成两截。

孔子上前对军校说："老人家已被折磨成这样了，你们就放过他吧！"接着拿出钱打发军校，又令弟子将尚存一息的老者扶上车送去调治。

为了方便拜见国君宋景公，孔子师徒选择了商丘一家较宽敞的石记客店住下来，店主名叫石头。

军校回去把发生的事情报告了大司马。大司马恨得咬牙切齿："务必将那伙人斩尽杀绝！"军校得令，便装寻访，很快在石记客店

■ 孔子讲学图

找到了孔子一行。

军校叮嘱石头："严密监视这伙人，今晚大司马将派兵杀他们！不要走漏风声，否则，灭你九族！"

石头唯唯诺诺等军校一走，立即将消息报告了孔子。孔子大惊，带领弟子就要出逃。石头说："这样易暴露目标，需改扮成商人！"说完，他找来商人服饰叫他们穿上，并做向导带他们出城直至国境。

孔子问石头："你我素昧平生，为何舍命相救？"

石头说："先生在墓场救下的老者，正是我的父亲啊！大恩大德，岂能不报？"

孔子感激万分，怕石头回去惨遭大司马毒手，亲自修书一封，介绍石头到卫国去找朋友蘧伯玉，求他为救命恩人谋个职业。

数年后，孔子又到了卫国。一天，他正给弟子们

蘧伯玉（约前585—约前484），姓蘧名瑗，字伯玉，谥号成子。春秋时期卫国大夫。自幼聪明过人，饱读经书，能言善辩，外宽内直，生性忠恕，虔诚坦荡。孔子周游列国时数次投奔蘧伯玉，他曾称赞蘧伯玉是真正的君子。

讲学，弟子司马牛哭着跑来告诉他：“那个石头病故了！”

孔子闻言，立即带领弟子前去奔丧。在破旧狭小的茅屋里，孔子见石头衣衫褴褛赤脚躺在木板上，身上盖着一张破席，泣不成声：“恩人啊，你为何落到如此地步？”

司马牛说：“蘧伯玉在世时，石头生活得很好。伯玉去世后，他连糊口的差事也没有了。”

孔子虔诚跪下：“恩人在上，请受孔丘一拜！”孔子行完大礼，马上对颜回说：“快将我的马卖掉，我要厚葬恩人！”

颜回为难地说：“请老师三思，依礼，大夫不可无车。再者，吾辈将不知奔波何方，路途遥远，您……”

孔子果断摆摆手说：“无须多言，如果没有恩人当年冒死相救，我等早成大司马刀下之鬼了，岂能苟活今日？快去！”

孔子卖了坐骑，为救命恩人石头举行了隆重的葬礼。

孔子卖马报恩，给世人做出了表率，被人尊敬。孔子践行的“知恩图报”，也成了中华民族的传统美德。

阅读链接

我国有句古语：“百善孝为先。”意思就是说，孝敬父母是各种美德中占第一位的。这句话反映了古人知恩图报的美好情操。

子路是孔子的弟子，他小的时候家里很穷，长年靠吃粗粮、野菜等度日。有一次，年老的父母想吃米饭，可是家里一点米也没有。子路就想到翻过几道山到亲戚家借点米，就可以满足父母的这点要求。于是，小子路翻山越岭走了10多里路，从亲戚家背回了一小袋米，看到父母吃上了香喷喷的米饭，子路竟忘记了疲惫。

孟子提倡的诚信思想

自先秦社会以来，诚信就一直备受人们的关注并为人们所大力提倡。继孔子之后，又出现了一位大力提倡诚信的一代思想家孟子。

孟子的母亲仉氏，历来被人们称为“启蒙教育的楷模”。孟母也确实是一位教子有方的贤母，她对孟子性格的培养和思想的形成产生了重要影响。2000多年来，在民间流传下来不少脍炙人口的孟母教子的故事。

孟子画像

孟子小时候，有一天，他的邻居家磨刀霍霍，正准备杀一头大肥猪。孟子当时正在外面玩耍，他见了非常好奇，就跑回家去问母亲：“母亲，邻居磨刀干什么？”

孟母告诉他说：“那是邻居家准备杀猪。”

孟子接着又问：“他们杀猪干什么呀？”

孟母笑了笑随口说道：“他们杀猪给你吃呀！”

孟子一听，十分高兴，就老老实实地待在家里等待着吃猪肉。

孟母说完这句话立刻就后悔了。心想：人家邻居本来并不是为了自己的孩子杀的猪，我为什么要欺骗孩子呢？我这样说不是在教他撒谎吗？

■ 孟母断机教子图

为了弥补自己的过失，更为了不失信于儿子，尽管家中十分困难，孟母还是拿钱到东边邻居家买了一块猪肉，“买东家豚肉以食之”，让儿子吃了个痛快。

诚实是培养健康人生的基础。大而言之，不诚实的品格会直接或间接地有害于国家民族；小而言之，说谎足以使孩子的人格败坏。孟母在孟子刚刚懂事时就不欺骗孩子，原因就是不让孩子学会说谎。

孟子吃完了猪肉，不久就知道了这件事，心里很受感动。他想，我一定要像母亲那样，做一个诚实守信的人。

孟子约15岁时，受业于孔子嫡孙子思门人，学习儒家经典，对儒家以礼待人的思想有了自己的认识。他20岁时，有一天他的妻子独自一人在屋里，伸开两腿坐着。孟子进屋看见妻子这个样子，就向母亲说：

仉氏 （？—前317），战国时期晋国人，孟子的母亲。她克勤克俭，含辛茹苦，坚守志节，在我国历史上受到普遍尊崇。后人把她与“精忠报国”岳飞的母亲岳母、三国时期徐庶的母亲徐母，列为母亲的典范，号称中国“贤良三母”，而且位居“贤良三母”之首。

孟母教子图

五伦 即古人所谓君臣、父子、兄弟、夫妇、朋友5种人伦关系。用忠、孝、悌、忍、善为“五伦”关系准则。孟子认为：君臣之间应忠；父子之间应孝，兄弟手足之间乃骨肉至亲，故应悌；夫妻之间挚爱而又内外有别，故应忍；朋友之间有诚信之德，故应善。这是处理人与人之间伦理关系的道理和行为准则。

“这个妇人不讲礼仪，请准许我把她休了。”

孟母说：“什么原因？”

孟子说：“她伸开两腿坐着。”

孟母问：“你怎么知道的？”

孟子说：“我亲眼看见的。”

孟母说：“这是你不讲礼仪，不是你媳妇不讲礼仪。《礼经》上不是说，将要进门的时候，必须先问屋中有谁在里面；将要进入厅堂的时候，必须先高声传扬，让里面的人知道；将进屋的时候，必须眼往下看。《礼经》这样讲，为的是不让人没准备，无所防备。现在你到妻子闲居休息的地方去，进屋没有声响，人家不知道，因而让你看到了她两腿伸开坐着的样子。这是你不讲礼仪，而不是你妻子不讲礼仪。”

孟子听了母亲的教导后，诚实地认识到自己错了，再也不敢说休妻的事了。而通过这件事，孟子对儒家之“礼”也有了更深的认识。

孟子在子思门下学成以后，以士的身份游说诸侯，想要推行自己的政治主张，到过梁国、齐国、宋国、滕国和鲁国等。随着阅历的增加，孟子终于成为当时著名儒学大师。

孟子提倡诚信，认为“诚信”不仅是对人，也是对己。孟子把“有信”上升到“五伦”之一的高度。在“五伦”中，人与人之间的诚信首先必须在知无不言、言无不尽，要真心提出自己的看法。

孟子这样说，也是这样做的。孟子在出游齐国时，曾经在齐国的稷下学宫做客卿，并通过自己的影响力，为齐国提出了很多建议。

稷下学宫位于齐国都城临淄西门，也称“稷门”。据说从齐桓公田午时开始，齐国就在稷门外开设学馆，汇聚天下著名学者于此讲学，故名“稷下学宫”。住馆的学者被誉为稷下先生。孟子的客卿要比一般的稷下先生地位高。

孟子在稷下学宫做客卿时，齐宣王对讲学高度重视，各门派的游学者迅速增至数千人。儒、道、墨、法、阴阳、纵横等各家学派，群贤荟萃，往来稷下者络绎不绝。

由于稷下先生的学术水平、名望资历不尽相同，因此，朝廷将稷下先生分为若干等级，按照级别确定爵禄。譬如号称“稷下之冠”的淳于髡，便赐予上卿之位；孟子、荀子等人则列为客卿。

孟子做了齐宣王的客卿，众人都为他庆贺。孟子也跃跃欲试，想为齐国尽一把力。但他知道齐宣王对人对事有些时候缺少雅量，诚实度不够，就想找机会谏言。

这一天，孟子穿戴整齐，迈着儒雅的步子来见齐宣王。守卫的士兵看见孟子，就赶紧行礼相问，然后向里面通报，不一会就出来请孟子觐见。

齐宣王端坐在富丽堂皇的朝廷中央上方，慈眉善目但又不缺少威严。两边或坐着或站着许多文臣武将，好不神气。

孟子画像

孟子与齐宣王寒暄过后，孟子面带微笑地对齐宣王说：“大王，假如您手底下有个人把自己的妻子、子女托付给他的朋友，而自己却到楚国去玩，回来后发现他的妻子、子女又饥饿又寒冷，对这样的朋友您会怎么样处理？”

齐宣王听了，不假思索地立马回答：“这样的人，

应该跟他绝交！”

孟子听后点点头，接着继续微笑地问：“假如大王手底下有一个官员，不能管好他的下属，怎么办？”

齐宣王快速地回答：“罢免他的官位，因为他实在是个无能之辈！”

孟子听了又频频点头。此刻，他眼光里露出一丝不可察觉的神秘微笑。他接着说：“假如有个人不能治理好国家，那么怎么对待这个人呢？”

孟子的话刚一出口，齐宣王脸上瞬间显出尴尬。心想：原来这个书生今天是来指责我的，因为怕得罪我，才欲擒故纵。

齐宣王毕竟是个老练的聪明人，为了摆脱尴尬，他装作没听见孟子的话，转过头和边上的大臣说话。

孟子见状，知道齐宣王缺少雅量，暂时听不进他的劝说，决定再找机会来说这事。

在孟子看来，人生下来就具有4种善的萌芽，他称之为“四端”，

古代书籍《孟子》

即“恻隐之心”“羞恶之心”“辞让之心”“是非之心”。这是孟子“性善论”的依据，也是他的其他学说的基础所在。他将诚信扩展到政治领域，提出管理者只有取信于民，才能保民安民。因此，在孟子心里，他是相信齐宣王也有“是非之心”，总能明白刚才说的话的意思。

自古以来，大气的、能够正视自己的不足的君王少之又少；同样，能够像孟子那样坦诚地对君王直言进谏的书生也是少之又少。

这一天，孟子又来见齐宣王，想针对齐宣王轻信奸佞谗言，以及做事没有坚持性等不足，真诚地表达自己的看法。

孟子说：“大王也太不明智了，天下虽有生命力很强的生物，可是你把它在阳光下晒了一天，再放在阴寒的地方冻了它10天，它哪里还活得成呢！我跟您在一起的时间是很短的，您即使有了一点从善的决心，可是我一离开您，那些奸臣又来哄骗您，您又会听信他们的话，叫我怎么办呢？”

齐宣王这次没有马上提出反对意见，只是静静地听着。

接着，孟子又打了一个生动的比喻：“下棋看起

性善论 战国时期孟子提出的一种人性论。孟子认为，性善可以通过每一个人都具有的普遍的心理活动加以验证。既然这种心理活动是普遍的，因此性善就是有根据的，是出于人的本性、天性的，孟子称之为“良知”“良能”。

来是件小事，但假使您不专心致志，也同样学不好，下不赢。弈秋是全国最善下棋的能手，他教了两个徒弟，其中一个专心致志，处处听弈秋的指导；另一个却老是想着有大天鹅飞来，准备用箭射下来。两个徒弟是一个师父教的，一起学的，然而后者的成绩却差得很远。这不是他们的智力有什么区别，而是专心的程度不一样啊！”

齐宣王听了孟子的话，低头不语，他心里很清楚自己在这些方面的不足。从此以后，齐宣王变得不再像以前那样了。

孟子将诚信扩展到政治领域，强调执政者要有同情心。他说：“同情心就是施行仁的开始；羞耻心就是施行义的开始；辞让心就是施行礼的开始；是非心就是智的开始。仁、义、礼、智是初始，人有这4种开端，就像人有四肢一样。”可见，仁、义、礼、智是人本性所固有的善性。

孟子生活在战火纷飞的战国中期，战争使人们丧失理性，变得野蛮，“大道废弛”，失掉了上古时期人际交往的单纯与质朴。孟子针对当时社会诚信缺失的状况，不仅大力呼吁人们讲诚信，而且对诚信思想提出了独到的见解，丰富了我国古代传统诚信道德的内容。他的诚信思想对后世直至当代社会都产生了深刻的影响。

阅读链接

据传，孟子在游说各国期间，从齐国到魏国，途经干城被大雨所阻。干城就是现在的河南省濮阳市华龙区孟轲乡孟轲村。当时孟子声望颇高，人们一时间奔走相告，轰动全村。孟子住处门庭若市，登门求教者络绎不绝。

孟子见此地人如此好施乐道，便决定留下讲学数日。干城人也以此为荣，于是就在孟子讲学的地方建了“先师庙”，把村名改为孟轲以示纪念。“先师庙”也称“孟轲庙”，位于孟轲东村。

荀子践行诚信思想

荀子生活在战国后期的赵国，他从小就非常聪明，10岁已有神童美誉，学问很好。长大后游学于齐国，因学问博大，“最为老师”，曾3次担任当时齐国稷下学宫的祭酒，可谓“学富五车，名满天下”。

荀子画像

约公元前264年，荀子应秦昭王之聘，西游入秦国。当时的秦国重在武力扩张，荀子批评秦国只注重耕战，没有大儒来宣讲诚信。秦昭王却不以为然，哈哈大笑。

公元前255年，领兵援救赵国的楚国令尹春申君黄歇，得胜之后专程请荀子去楚国。到了楚国，被春申君聘为兰陵令。不久，春申君因受自己的门客蛊惑，对荀子不够友好。于是，荀子就离开楚国回到了自己的国家。

赵孝成王听说大儒荀子回来了，亲自用自己豪华的御车去旅店接荀子。荀子觉得这有些不恭，连连摆手。

赵孝成王真诚地说：“寡人仅是一国之君，你乃列国儒学之尊，理当如此，请上车吧！”

■ 荀子布衣画像

赵孝成王将荀子接入王宫，两人并坐于丹墀。大臣在下面陪坐。宫人献上茶果，赵孝成王恭敬地问过寒暖之后，说：“荀老夫子，昔日，因寡人错听误国之言，用将不当，致赵军损失严重，元气大伤，国力一时难以恢复，寡人每日甚是忧虑。荀老夫子到来，乃是喜从天降。寡人欲求教荀老夫子用兵之道，请问老夫子，用兵之要术是什么呢？”

荀子一直把诚信当作“化万物”“化万民”的“政事之本”。他认为，当政者带头讲诚信，既是实现社会诚信的关键和前提，也是称霸天下的重要条件，所谓“诚信生神”“信立而霸”就是这个道理。

因此，荀子答道：“用兵攻战之本，在于使人民诚心诚意，心意一致。如果弓与箭不协调，神射手后羿也难射中微小的目标。如果6匹马配合不好，就是再好的驭手也驾不好车。如果百姓与朝廷离心离德，再好的将军也一定不能打胜仗。所以，以诚信和仁义争取百姓者，才是善于用兵者。”

祭酒 古代学官名。汉代有博士祭酒，为博士之首。西晋时期改设国子祭酒，隋唐时期称国子监祭酒，为国子监的主管官。以后历代多沿用。为国子学或国子监的主管官。清代末期始废。

中原 为中华民族、中华文明、中原文化的发源地，万里母亲河黄河两岸，千里太行山脉、千里伏牛山脉东麓，在古代被华夏民族视为天下中心。广义的中原是以中原洛阳、开封、商丘、安阳、郑州、南阳、许昌等七大古都群为中心，辐射黄河中下游的广大平原地区。狭义的中原即指天地之中、中州河南。

赵孝成王在座的大臣中，有个叫临武君带兵之人，他说："荀老夫子，此话讲得不当吧！兵家所重视的是形势和条件，所实行的是变化和诡诈，善用兵者，神出鬼没，无诚无信，莫知从何而出。孙武、吴起就以此无敌于天下。"

荀子说："不然。我所说的是诚信和仁义，是欲称王天下者的意志。你所重视的是权谋势利，欺诈诡变，这是诸侯国才使用的方法。诚信和仁义之兵不可以欺诈，能受欺诈者只是那些君臣上下离心离德之兵。诚信和仁义之兵上下一心，三军同力，臣民对待君主，下级对待上级，如同子女对待父亲，弟弟对待兄长一样真诚。"

赵孝成王与临武君对荀子的论述甚为钦佩，两人同时合掌称好。赵孝成王说道："请问荀老夫子，诚信和仁义之兵该行何道呢？"

■ 荀子木雕像

荀子说："一切在于大王，将帅次之。君王贤者其国治，君王不贤者其国乱；注重信义者其国治，轻贱信义者其国乱。请让我说一说王者和诸侯强弱存亡与安危的道理。"

接着，荀子从历史上寻找事实根据来论证"信"的作用。齐国、晋国、楚国、吴国、越国，都是地处偏僻的国家，威力却可以震动天下，强盛可以危及中原，这是什么原因呢？荀子明确回答道，这没有别的原因，就是能大体上讲信用。这就是所谓的诚信树立就能称霸天下。

荀子回头对赵孝成王说：“信义，是治国的最高准则，强国之本，立威之道，建功立业之纲。在一个国家中，诚信是对一定的社会行为规范和法律规章制度的诚信遵守，既然定出了一定的社会行为规范和法律规章制度，以及盟约，就要遵守它，即使后来觉察到这些制度有不足之处，暂时也要遵守，而不能‘朝令夕改’，以自己的意愿首先不遵守。否则，人人都以自己的意愿为标准而破坏这些制度，那么整个管理体系就会混乱，从而也会导致整个社会的混乱。”

接着，荀子又列举殷纣王失信于民，暴政治国，结果周军一到，令不能行下，民不听调遣。这不是殷纣王令不严，刑不繁，而是殷纣王没有遵行信义。

赵孝成王握住荀子的手：“寡人久闻荀老夫子大名，今日聆听教诲，方知老夫子果是难得的治世贤才！”

就在荀子在赵国受到礼遇时，春申君觉得失去荀子这样的天下大贤是一种损失，于是派人到赵国请荀子，结果却请不动荀子。最后，春申君只好亲自驾着马车，悄悄来到赵国，请荀子到楚国去，继续做兰陵令，并信誓旦旦地说，再也不会发生以前那样的事情了。

荀子看到春申君和楚王有一统天下的态势，就随他而去。刚到兰

■ 荀子的传世作品《劝学》

陵，荀子就看到十字街头的人很多，预感到前面似乎发生了什么事。他让车马远远地停下来，自己向人群走过去。原来，县丞今日监斩3个囚犯，百姓们拥挤观看。

荀子从人群中向前挤。武士厉声喝道："滚开！再往前挤，用皮鞭打你！"

荀子的手下上前握住武士的手："你想干什么？他可是荀县令！"

武士惊呆了："什么？"

荀子被百姓和武士围在中间，一老妪哭叫着："荀老爷，你可回来了！冤枉啊，我儿子冤枉啊！"另一中年女子也喊叫着："荀老爷，你回来了，快救救我的丈夫吧！"

这时，县丞走过来，指着一个满脸横肉的中年汉子说："这第一个人，是个杀人凶犯，他为霸占朋友

武士 古代武士有以下几种含义：一是有勇力的人；二是指宫廷卫士，三即武卒。武士在不同的历史背景中可以有以下的意思，在春秋战国时期诸侯列国中的特殊阶层，后世泛指习武练兵之人。

妻室，竟把朋友用毒药害死。”

荀子说：“嗯，杀人者不惩，伤人者不刑，是谓惠暴而宽贼。当斩。”

县丞指着一个青年说：“这第二个人是一农夫，他竟然抗税不交。”

荀子问：“第三人呢？”

县丞说：“第三人乃是一贩马的齐国人，他竟敢偷闯关卡。”

荀子走到青年农夫与中年商贩的面前，注目良久，开口问青年农夫：“你为何抗税不交呢？”

青年农夫说：“禀老爷，赋税太重，交了赋税，我一家人就没有吃的啦！”

荀况问商贩：“你为何偷闯关卡？”

商贩说：“老爷，我的马在关卡前已经被困了3个月，马饿瘦了，病死了不少，再也耽误不得了，马是我一家的性命啊！”

荀况稍一思索，对县丞说：“把这两个人放掉。”

县丞说：“什么？”

荀子又说道：“把他们两人放掉！”

县丞说：“大人，我是按照大王的旨意行事的。”

荀子说：“在这里我是县令，放掉！”他的话不容置疑。

县丞 官名。始置于战国时期，为县令之佐官。秦汉时期相沿。县丞是古代地方职官名。在县里地位一般仅次于县令或县长，汉代每县各置丞一人，以辅佐令长，主要职责是文书、仓库等的管理。后代虽有变革，但历代大多设置一两人，迄于清代末期。

■ 荀子石刻

县丞无奈，只好挥手让武士将青年农夫与中年贩马人放掉。

老妇赶忙去搀自己的儿子，中年女子去扶自己的丈夫。他们一齐来到荀子面前双膝跪地叩头，连连谢恩。

荀子扶起他们，然后走向了栽有木桩的刑场，站在一个高处，向众人说："兰陵的百姓听着，我荀况又重归兰陵来了！愿意衣食富足，乃人之本性。缺吃少穿乃是一种祸患。作为一县之长，我愿兰陵百姓人人富足，家家平安。自今日起，兰陵之农夫开荒种田，仅收什一之税，多者不取。集市关卡，畅通有无，赋税一概免征。我一定说到做到，绝不食言！"众百姓闻声欢腾。

荀子接着说："我兰陵百姓，必须隆礼法贵信义，遵守法度。信义乃立国之本，法律为治国之端，法令行，则风俗美。"荀子指着杀人犯说："似这等抢夺杀人的奸人，必杀。"众人又是一阵欢腾。

荀子做兰陵令前后18年，他以信取民，隆法尊贤，励精图治，清正廉洁，为当时兰陵经济的发展和汉时的繁盛，打下了坚实的基础，自此以后，兰陵成为历代郡县治所、经济文化中心。

约公元前230年，荀子病逝后葬于兰陵。荀子墓位于现在的山东临沂苍山县兰陵镇东南处，墓前有清代立的石碑，上刻"楚兰陵令荀卿之墓"。

阅读链接

荀子是一位非常注重真诚守信的思想家，每当碰到或谈论到无知妄为的人时总是愤愤不平，认为那种夸夸其谈，言行不一，言而无信，人格分裂的人是"奸人之雄"，比盗贼还坏。

荀子写过一篇文章，题目叫《非相》，他在文章中说："圣明的君王一出现，就先要诛杀这种人，然后才诛杀盗贼。盗贼可以得到改变，这种人是改变不了的。"从这句话可以看出，荀子那憎恨虚伪、嫉恶如仇的性格跃然纸上。

应运而生

守诚报恩

秦汉时期，为了加强中央集权的需要，汉代儒者更加注重对儒家思想的传承，使古代礼治思想进一步走向了成熟，诚信思想也得到了前所未有的发展，儒家提倡的孝、仁义、诚信、报恩等道德伦理，对当时的人们遵守诚信起到了积极的作用。

两汉时涌现出许多杰出之人，如知恩图报的韩信、知书达理的乐羊子妻、立信于民的郭伋、守信履约的范式、传承诚实家风的杨家、以诚服人的诸葛亮。他们之所以杰出，是因为诚信起到了很大作用。

韩信诚守诺言报大恩

韩信塑像

诚信思想贯穿于汉代社会的政治、经济、文化和生活等各个方面，对当时的人们产生了极大的引导作用。西汉王朝的开国功臣韩信，就是诚守诺言，以德报恩的典范之一。

那是在韩信小的时候，他喜读兵书，积累了不少学识，立下了很大志向，想着有一天能披挂上阵，在战场上建功立业，当个将军。当时的韩信很贫穷，日子过得清苦。他跟哥哥嫂嫂住在一起，靠吃剩饭剩菜过日子。韩信白天帮哥哥干活，晚上刻苦读书，可是刻薄的嫂嫂非常讨厌他读书。

韩信画像

有一次，韩信的嫂嫂看到韩信又在点灯读书，就呵斥道："你读书有什么用，光是浪费我买的灯油！白天又不好好干活，以后不许再读了！"

可是，韩信还是偷偷地读书。结果又被嫂嫂发现了。她大发雷霆，要把韩信赶出去。他哥哥也不敢阻止，韩信就这样被赶出了家门，什么也不能带，只带走了祖宗传下来的一把旧剑和一本残破的兵书。

韩信从此流落街头。他年纪还小，也没有什么本事，就想帮人做做劳力活，可没什么人愿意雇他。他找不到活干，东乞西讨的，只能过着衣不蔽体、食不果腹的艰辛生活。

为了糊口，韩信经常到江边去钓鱼，碰上好运气，倒也能换些钱来勉强度日。可是钓鱼也很不容易，每当钓不到鱼的时候，他就要饿肚子了。

有一天，韩信又到江边去钓鱼，眼看着已经过晌午了，可是连一条鱼也没有钓上来。韩信又饿又累，最后晕倒在河边。

这情景刚好被一位在河边洗衣服的老婆婆看到了。老婆婆心地很善良，她看到这孩子瘦成这样，知道他一定是饿坏了，就赶紧从家里端来一碗饭，给韩信吃。饿昏的韩信闻到饭的香味，慢慢醒了过来，他马上狼吞虎咽地吃起来，转眼间就把饭吃完了。

这样一连几十天，老婆婆都端饭给韩信。韩信很受感动，便对老婆婆立下誓言：

总有一天，我一定会好好报答你的！

刘邦（前256—前195），汉代开国皇帝。历史上杰出的政治家、战略家。汉民族和汉文化伟大的开拓者，对汉民族的发展，对我国的统一和强大，以及汉文化的保护发扬做出了突出的贡献。

老婆婆听了韩信这话，说：“你是男子汉大丈夫，却不能自己养活自己，我看你可怜才给你饭吃，只希望你有出息，不要再说报答我的话。”

韩信听了很惭愧，立志要做出一番事业来。他想尽办法去找活干来养活自己，即使工钱少得可怜，他也愿意干。因为他要的工钱低，也就有人来找他干活了。就在这样艰难的环境中，韩信逐渐长大了。除了给别人干活，他有空时就翻看那本破得不能再破的兵书，也常温习书上画的剑术套路。

■ 韩信画像

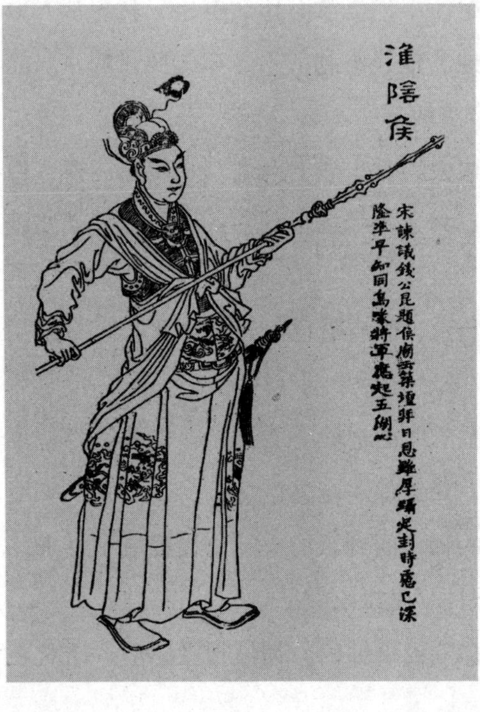

在韩信的家乡淮阴城，有些年轻人看不起韩信。韩信常常受到一些人的白眼，甚至有人欺负他。

有一天，一个少年无赖看到韩信身材高大却常佩带一把剑，认定他是个胆小鬼，便在闹市里拦住韩信，说：“你这小子，挂着把剑是吓人的吗？你要是有胆量，就拔剑刺我；如果是懦夫，就从我的裤裆下钻过去！”

■ 汉初三杰雕塑

围观的人知道这是故意找碴羞辱韩信，都想看看韩信到底会怎么办。

韩信压根儿就对街头打架斗殴很鄙视，他的志向是做大将军，怎么能因为这等区区小事误了远大目标！只见韩信想了一会儿，一言不发，趴在地上，就从那人的裤裆下钻过去了。

当时在场的人哄然大笑，无不认为韩信是胆小怕死、没有勇气的人。这就是后来流传下来的“胯下之辱”的故事。

后来，韩信投入项羽的楚军，没有得到重用；他又改投到刘邦的汉军，依然只是无名小卒。他觉得在军队中没有出头之日，就决定逃走。但刘邦的军师萧何认定他是个将才，于是“月夜追韩信”，将他追了回来，推荐给刘邦。

刘邦听从萧何的建议，拜韩信为大将。果然，韩

萧何（约前257—前193），秦代末期做沛县狱吏，后辅佐刘邦起义。攻克咸阳后，他接收了秦代的律令和图书等资料，掌握了全国的山川险要、郡县户口，对日后制定政策和取得楚汉战争胜利起到了重要作用。

信胸怀韬略，率领军队常打胜仗，成为一个很著名的将领，立下许多功劳。刘邦建立大汉王朝后，成为汉高祖，封韩信为“楚王”。韩信与萧何、张良并列为“汉初三杰”，成为名载史册的人物。

韩信功成业就后，想起了那位在河边给他饭吃的老婆婆，就说：“我说过一定要报答她老人家的，现在是时候了。”

韩信派人到原先河边那一带去找那个老婆婆，没费多少事就找到了。韩信很高兴，立即带着仆从们赶回家乡淮阴。楚王威风的队伍到了淮阴，轰动了全城。当年让韩信钻过裤裆的那个少年无赖已变成了牛高马大的汉子，被韩信的卫士抓到了楚王的跟前。

那汉子吓得苦胆也破了，跪在地上直哆嗦。韩信对他说：“我还要谢谢你！当年要不是你那样侮辱我，我就不会那样发愤，也就不会有今天！”韩信赏给他一些银子。那汉子感动得直流泪，围观的人无不佩服韩信那大度包容的胸襟。

随后，韩信赶快去见老婆婆，对她说：“老大娘，您可还记得，多年前有一次去河边洗衣服，给一个饿坏了的孩子吃了一碗饭吗？后来又连续几十天给他饭吃？那个孩子就是我呀！那时候我说以后会报答您，现在我来实现我的诺言了！”说完，命人拿来1000两黄金，双手捧给老婆婆。

老婆婆说：“你不要拿这些钱给我，一来我已经老了，活不了几天了，要这么多钱没有什么用；二来我也没有为你做过什么大事，哪能要你这么多的钱呢？”

韩信恳切地说：“当年我饿肚子的时候，您给我吃的虽然是粗茶淡饭，但对我来讲这帮助是很可贵的，更何况您那时是在自己生活也很困难的情况下帮助我的。现在我有能力了，理应报答您老人家！而且当年我也说过等我以后做了大事，一定要好好报答您的！”

他还说：“我知道，您当年不是为了要我报答才帮助我的。也正因为如此，我才更感到您是真心对我好。所以，我就更应当好好地感谢您，报答您！”

济困、报恩，都是中华民族的传统美德。韩信在困顿时得到过那位老婆婆的接济，并声称要好好地报答她老人家，这实属常理。

韩信帮助刘邦打下了天下，封了侯后，报答那位老大娘，这是践诺，这是守信。

阅读链接

萧何曾经多次同韩信交谈，十分赏识韩信的才能，就向刘邦力荐，予以重用。韩信果然不负众望，为辅佐刘邦立下了汗马功劳。

韩信熟谙兵法，自言用兵“多多益善”，为后世留下了大量的战术典故：明修栈道、暗度陈仓，临晋设疑，夏阳偷渡，背水为营，拔帜易帜，传檄而定，沉沙决水，半渡而击，四面楚歌，十面埋伏，等等。其用兵之道，为历代兵家所推崇。

司马迁评价韩信说：他对西汉王朝的贡献，简直就可以和周代的周公旦、召公奭和姜太公齐名。

诚实善良的乐羊子妻

韩信践诺报恩感动了世人，而乐羊子妻的诚实善良，知书达理，同样被载入史册，至今流传。

乐羊子妻是汉代洛阳有名的贤惠女子。她家境贫寒，却善于自律，也希望自己的丈夫做个谦谦君子，更希望他能够有所建树。

有一次，乐羊子在路上捡到一大块金子，就高高兴兴地拿回家，把金子交给了妻子。

妻子问道："这金子是哪里来的？"

乐羊子说："是在路上捡的。"

妻子说："这是别人的东西，我们不能要。"

乐羊子辩解道："反正也找不到主人了，留下也没关系。"

妻子严肃地说："别人的东西就是别人的，即使是人家不小心丢掉，被你捡来了，也不能把它当作自己的东西。"

乐羊子妻

为了让丈夫明白其中的道理，妻子这样说道："我听说，有志气的人连叫'盗泉'的水都不喝，诚实廉洁的人不接受他人傲慢侮辱施舍的食物。依我看，对于这捡来的东西更不应该要。如果你为了贪图小利，把这块金子留下了，就是不诚实的表现。你得到了这块金子，却丢失了诚实守节、廉洁自律的高尚品行。"

乐羊子听了妻子的话，觉得非常惭愧，就把金子扔到野地里去了。

后来乐羊子按照妻子的话收拾好行李出远门去了。一天，妻子正织着布，忽然听见有人敲门。她过去开了门一看，站在面前的竟然是自己日夜想念的丈夫。她高兴极了，忙将丈夫迎进屋坐下。

可是惊喜了没多久，妻子似乎想起了什么，疑惑地问丈夫："才刚刚过了一年，你怎么就回来了，是出了什么事吗？"

乐羊子望着妻子笑答："没什么事，只是离别太久，实在忍受不了，就回来了。"

妻子听了这话，半晌无语，表情很是难过。她抓

洛阳 位于河南洛水之北，水之北乃谓"阳"，故名"洛阳"。与西安、南京、北京并列为我国四大古都，也是历史上唯一被命名为神都的城市，它是中华文明和中华民族的主要发祥地。被称为"千年帝都""牡丹花城"。

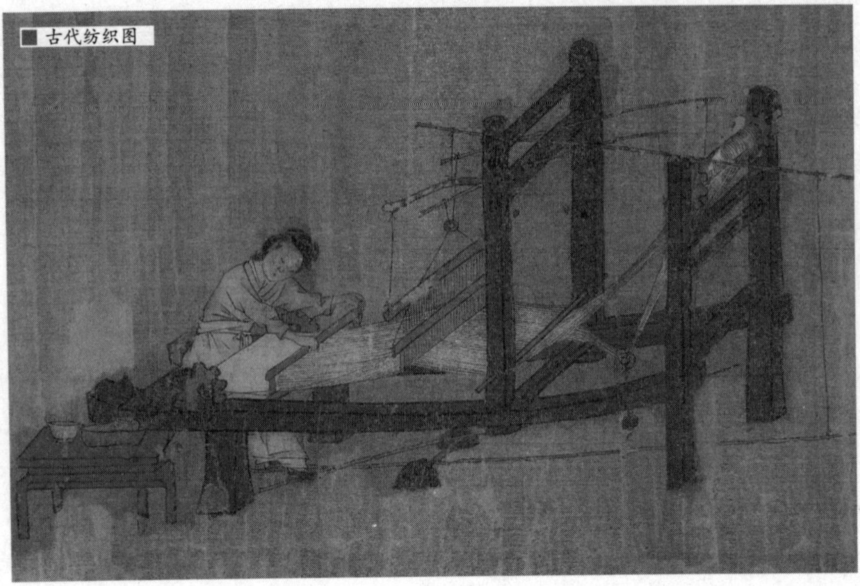

起剪刀，快步走到织布机前，“咔嚓咔嚓”地把织了一大半的布都剪断了。

乐羊子吃了一惊，问道：“你这是干什么？”

妻子回答说：“这些丝织品都是从蚕茧中生出，又在织机上织成。一根丝一根丝地积累起来才达到一寸长，一寸一寸地积累，才能成丈成匹。现在割断这些正在织着的丝织品，那就会丢弃成功的机会，迟延荒废时光。您要积累学问，就应当每天都学到自己不懂的东西，用来成就自己的美德；如果中途就回来了，那同切断这丝织品又有什么不同呢？”

乐羊子听了这话恍然大悟，意识到自己错了，不由得羞愧不已。他再次离开家去求学，整整过了7年的时间，最终学有成就。

乐羊子在外求学期间，乐羊子妻对乐羊子的妹妹、也就是自己的小姑子很是照顾，常常抢着干家里的活。姑嫂两人原本感情就很好，现在又加深了一步。

有一天，乐羊子妻到地里去干活了，只有小姑子在家。她看见邻居家的一只母鸡跑到自己家的菜地里，于是她就想：嫂子待我像亲妹妹一样，并且为了哥哥的学业整日操劳，一年到头也吃不上几次肉，不如杀了这鸡炖给嫂子吃，让嫂子补补身子。于是，她就把那只母鸡抓住，给嫂子做了一顿可口的肉食。

傍晚，乐羊子妻从田里干活回来，看到碗里的鸡肉，就问："妹子，咱们家的鸡一只也不少，这是哪来的鸡肉啊？"

小姑子不敢欺瞒嫂子，就如实回答了。

嫂子听了之后说："咱们家虽然穷，但是无论如何也不能拿别人的东西。想一想，这也是人家辛辛苦苦养的鸡，我们怎么能白吃呢？"说完就把自己家一只最大的鸡送到邻居家，并向邻居道歉。

小姑子被嫂子的行为品德感动了，不但向嫂子承认错误，还在心里暗暗发誓：以后一定要向嫂子学习，做一个诚实正直的人。

这天乐羊子妻嘱咐小姑子照顾好家，自己拿上砍柴刀去山上砍柴。乐羊子妻走后，快到中午的时候，突然一个盗贼闯入她家抢劫。盗贼见只有一个女孩在家，先是喝问把钱藏在了什么地方，见逼问不出来，又起歹意，想要施暴。

《后汉书·列女传》

就在这危急时刻，乐羊子妻砍柴回来，刚进院门，就见一个大汉劫持了小姑子。她知道遇见盗贼了，就快速卸掉柴火，毫不犹豫地持刀奔了过来。

盗贼见到又来一个少妇，就淫邪地说："只要你放下刀依从了我，我就保全你们的性命，如果不从我，我就先杀了她！"

乐羊子妻看着膀大腰圆的盗贼，自知力不能敌，反抗也是徒劳的，心想只有自己以死抗争，才能震慑盗贼，解救小姑子。想到这里，她毅然举起砍柴刀，刎颈自杀了。盗贼见出了人命，就逃跑了。

洛阳太守知道了这件事后，称赞乐羊子妻是贞节烈妇。太守先抓捕了那盗贼绳之以法，然后赐给乐羊子妻丝绸布帛，为她举行葬礼，赐予"贞义"的称号。

乐羊子学成归来，眼见贤妻为保护自己的妹妹献出了生命，悲痛欲绝。他又从妹妹这里得知了家里发生的其他事情，更加思念自己的妻子。据说他此后一生未娶，直至终老于世。

由于乐羊子妻具有高洁的品德和过人的才识，后来南北朝时期南朝宋的史学家范晔撰写《后汉书·列女传》时，就将乐羊子妻的故事写入其中，被后世永远传颂。

阅读链接

《后汉书·列女传》是南北朝时期南朝宋的史学家范晔撰写的纪传体史书，其中记有乐羊子妻的事迹。

传记体史书叙事简明而周详，记事有重点而不遗漏，具有鲜明的"概括性"特征。比如其中记载的"乐羊子妻劝夫弃金""劝夫求学""教育小姑子""以自刎解救小姑子"这4件事情，言简意赅，观点鲜明，褒贬一语见地。

从范晔记载的这几件事中，后人完全可以感受到乐羊子妻这个人的性格，更能体会到主人公那种知书达理，诚实善良的胸襟。

郭伋为官立信于民

两汉时期人才济济，那些之所以被称为人才的人，在很大程度上取决于他们的诚信。郭伋就是其中之一。

郭伋是东汉时期人，官至大司空、太中大夫。他做官、为人十分讲究信用，为官清廉信义为先，一心为百姓谋福祉。

郭伋画像

郭伋是当时著名大侠郭解的孙子，自幼受到祖父的教育和影响，立志高远，他的性格也颇有侠义之风，处事爽快，很注重信用。

在王莽新朝时，郭伋就曾经被征召做过并州牧，任职期间勤政爱民，常常微服私访，解决民生疾苦，整顿吏治，扫除流寇，平定了许多冤狱大案，因此百姓一直感念郭伋的恩义。

汉光武帝画像

东汉初期，社会还未安定，盗贼土匪四处作乱。汉光武帝刘秀即位后，他常闻郭伋的名声，便起用郭伋，并多次委派郭伋到治安问题严重的州郡做太守。郭伋不负皇帝所望，在地方上治乱除暴，安抚百姓，很有一套，尤其是他“以信服寇”的故事被人们传为佳话。

郭伋曾在颍川任郡守。颍川就是现在的河南省禹州市一带。那里的土匪流寇十分猖獗，但因为山道险阻，情势错综复杂，所以剿匪艰难。郭伋到任后，决定乔装入山，探察匪情。

郡里的官吏知道这个消息后，都被吓坏了，劝他不要这样深入险地，匪寇凶顽，恐怕难保性命。同僚的劝阻反倒激起了郭伋的豪侠气概，他对劝者戏谑地说：“我正想看看匪寇到底凶成什么样子，有没有郭大侠厉害！”他没听别人的劝告，换上褴褛的衣服，毅然入了山。郭伋闯进了怀山中的匪巢，扮成流民表示也要当土匪。他的身躯伟岸，肌肤比较粗糙黝黑，加上又颇懂拳脚工夫，匪首赵宏、召吴很快就赏识他，甚至要与他称兄道弟。

郭伋通过一些日子的接触，了解到山里这几百个土匪大多是穷苦农民，在混乱的社会中无处安身，才被逼打家劫舍的。他与匪众们混熟了，就以仁德信义说服他们投降官府，返乡务农。农家子弟并非生来就是土匪，自然也不愿在刀口舔血，也想过安稳的日子。

郭伋眼看时机成熟了，这才向匪首赵宏、召吴袒露了自己的真实身份，保证他们回乡后可以安心种地。

赵宏尽管已经很服郭伋的义气，但并不敢相信他的话，还担忧会被治罪。

郭伋大笑着说："只要归乡务农的人，本官保证既往不咎！我是一郡的太守，这点事还做不到吗？这样吧，如果我说话不算话，你们再回到山里来，怎么样？"

郭伋从匪巢中全身而退，回到郡衙时，使所有的官吏无不瞠目结舌。郭伋立即命令属下到县乡安排、落实归乡流民安置的事宜，凡发现地主豪绅逼迫残害乡民的，轻则罚金，重则杖责，使为恶县乡的势力顿时惊悚，大为收敛。

赵宏、召吴获知郡守郭伋雷厉风行的消息，终于相信郭伋言而有信，于是带着部众风卷似的下山归乡了。

这件事传开后，周边的匪寇听闻此事，都很敬仰郭伋的义气和为人，是个守信用的人，就纷纷从幽州、冀州、江南等地不远千里来投降自首，路途之上络绎不绝。

郭伋故事图

郭伋将遣还土匪的事情禀报了皇帝，汉光武帝认为他做得对，不但没有怪罪，还称赏他是"贤能太守"。

过了几年，郭伋又被调任并州牧。当地百姓听说郭伋重新到并州做官，那真是打心眼

■ 郭伋受贺图

里欢喜，奔走相告。郭伋到并州上任时，每经过一县一乡，老老少少夹道欢迎。郭伋心里也颇感欣慰，感慨地对身边的人说："做官能做到这份上，我郭伋也不枉此生了！"

于是，他在任职期间更加警惕自己，常以警言时时来激励自己：

不以恶小而为之，
不以善小而不为。

稽首 古代的一种跪拜礼，为"九拜"之一。行礼时，施礼者屈膝跪地，左手按右手，拱手于地，头也缓缓至于地。头至地须停留一段时间，手在膝前，头在手后。这是九拜中最隆重的拜礼，常为臣子拜见君王时所用。后来，子拜父，拜天拜神，新婚夫妇拜天地父母，拜祖拜庙，拜师，拜墓等，也都用此大礼。

他常常问民疾苦，向地方父老询问治邦方略，并设置桌几，接待老人，早晚不息。他注意关心民生，为百姓做实事，声望更隆了。

这年秋天，按例又当行至各地州县巡查吏治情况。郭伋带着几名随从骑马赶往西河郡美稷县。美稷县位于现在的内蒙古准格尔旗纳林镇北。一行人走到郡城郊外，突然远远望见有几百个小孩骑着竹马，嬉戏而来，及至近旁，小孩列队相迎，稽首跪拜。

郭伋问道："孩子们，你们为什么这么远来呀？"

孩子们回答说："听说您来到，非常高兴，所以前来欢迎。"

郭伋闻言赶忙下马，辞让致谢，在众小孩的簇拥之下进了县城。郭伋在美稷县衙，详细阅读了近年所积案卷，有错判疑案的就马上调出重新审理，又察知民情，慰问贫苦。所至之处，百姓欢欣，多有馈赠礼物者，然则一律不收。

在美稷县事办完了，郭伋又要到下一个县考察。刚到城门口，没想到众孩童骑着竹马又来相送，一直送到了城郊外。这时，孩子们问他："您哪一天返回再经过，到时还要来迎送。"

郭伋叫别驾从事计算日程后，告诉了孩子们。

郭伋巡视在下一个县非常顺利，比原定日期早一天回来。他为了不失信于孩子们，于是在野外亭中露宿了一夜等到第二天才入城。

郭伋以太守之尊，与骑竹马的小孩子在道边野外说的话，都不肯失信，回来早了一天，宁可夜宿山野小亭，也要信守自己说出的归期。这种诚信的行为使他受人尊重，名扬天下，连小小孩童都如此景仰，可见诚信不仅能修身养性，同时还能赢得赞誉。

汉光武帝称赞郭伋的德行说"信之至矣"。后人以"郭伋待期"为重守约信之典实。

阅读链接

郭伋任渔阳太守时，此前的渔阳在王莽之乱中是受害最重的地区，百姓背井离乡，民不聊生，寇贼充斥。在这百废待兴之际，郭伋等治世能臣先后来到渔阳就任太守。

郭伋到任后示以信赏，进行综合治理。经过一段时间，虽然盗贼有所收敛，但匈奴仍数次侵掠郡界。郭伋曾经担任过渔阳都尉军职，深谙渔阳依山傍水的军事优势，整勒士马，设攻守之略，使匈奴畏惮远离，不敢再轻易入塞，郡民才得以安生。郭伋86岁去世时，当朝皇帝曾亲临吊唁。

范式诚实守信于约定

东汉明帝永平年间，一个明朗的秋天，在汝南郡的一个村子里，青年学者张劭正在自家的庭院中来回踱步，不时侧耳听听院外的动静，好像在等什么人。他嘴里不住地叨念着："巨卿兄，你怎么还不到呢？"

张劭故事图

张劭说的这个巨卿，就是山阳郡人范式，字巨卿，是张劭在太学里的同学，两人多年寒窗相伴，结下了深厚的友情。

两年前，他们同日离开京都洛阳回家，分手的时候，两人依依不舍，洒泪而别。那一天正好是九九重阳节，当时他们约定，两年后的今天，范式来汝南郡探望张劭。

光阴飞逝，两年的时间转眼就过去了。越是临近约定的日期，张劭的心情就越是不能平静。他急切地盼望着与好友重新欢聚，以至于坐卧不宁，寝食不安。

■ 范式画像

张劭的老母亲见儿子这样，怕他急坏了身子，就劝他道："儿啊，何必如此心焦，朋友之间，总有机会见面的。再说，山阳郡离咱们这里有上千里的路程，又是两年之前随口说的话，到现在人家怕是早都忘记了，你也别太认真了。"

张劭认真地答道："娘，您不了解巨卿，要说巨卿这人，那是当今天下数一数二的诚实君子，他做事情从来没有违反过大义；他说过的话从来没有不兑现过。讲好要来，他是绝不会失约的。"

母亲说："你这孩子啊，真是实心眼！好吧，我就给你准备酒宴招待客人吧！唉，我只是怕你急坏了身子啊！"

张劭说："不会的，巨卿一到，我还会高兴得年轻几岁呢！您就放心地去准备吧！"

重阳节终于到了，张劭一家人早早起来，把酒杀鸡，忙活了半天，备好了一桌丰盛的酒菜。可是，范式还没出现。张邵简直望眼欲穿了，他整好衣装，急步走到村头，立在大树下等候。

看看到了正午，正是两年前他们分手的时刻。就

太学 是古代的大学。最早的大学在夏代为东序，在殷代为右学，在周代曾设东序、瞽宗、成均、上庠、辟雍五大学。至汉武帝时，董仲舒提出"兴太学，置明师，以养天下之士"的建议，于是在京师设太学，为中央官学、最高学府，太学祭酒兼掌全国教育行政。

■ 古代学士图

见一辆马车从远处飞奔而来，车到大树下停住，下来一个书生打扮的中年人，向张邵疾步跑来，张邵定睛一看，来人正是范式！

两人跑到一起，各施大礼，然后紧紧拥抱。张劭说：“大哥果然不远千里赶来赴约。不过，为何不早到几天，让小弟等得好心焦啊！”

范式说：“贤弟，只怪我心里着急，又加上饮食不慎，途中病倒在客栈里。要不是店家好心照看，我几乎要丧命了。”

张劭一看，范式果然是一副病容，身子轻飘飘的，好像还站不稳似的。张劭很有点不过意，说：“大哥为了看我，病成这样，小弟真是有罪了。”

范式笑了起来，说道：“你我两人还要说这些客套话吗？我要是今天见不到贤弟，那才是会急死呢，快领我去拜见伯母吧，我还带了些薄礼来孝敬她老人家呢！”

范、张两人久别重逢，更觉得难分难舍，他们白天一起谈论学问，夜晚在一张床上安眠。

一天，范式感慨地说：“我们两人就像古时候的伯牙和钟子期一样啊，真是生死之交。”

张劭说：“我们虽不是同年同月同日生，但是

伯牙 春秋战国时代楚国郢都人，即现在的湖北荆州。他虽为楚人，却任职晋国上大夫，精通琴艺。伯牙抚琴遇知音最早是从民间口头流传下来的，历史上并无确切记载。在古籍中，战国郑人列御寇著《列子》一书中有关于俞伯牙抚琴的民间故事。

将来谁要是先走一步，另一个一定要在他身边为他送葬。”

范式说：“那当然是我这做兄长的先死，你可要为我送葬呀！”

张劭开玩笑说：“要是我先走一步了呢？”

范式说：“那不管我在何处，一定会驾着白马素车，身披白练，赶来为你送葬的，你可要等我呀！”

说完，两人都大笑起来。

几天之后，范式辞别张劭一家回山阳郡去了。这边张劭继续读书种地，奉养老母。不料，没过一年，张劭忽然得了个暴病，不到几天，张劭就已经奄奄一息了。

临终之际，张劭的同乡老友郅君章、殷子征来看望他。他们拉着张劭的手，流泪说：“元伯，你放心去吧，还有什么心事就请对我们讲吧！”

山阳郡 是古代郡名，西汉时期始置。公元前144年，梁王武薨，其封国梁国一分为五。汉景帝封梁王武之子刘定为山阳王，分梁国东部数县置山阳国，其名称为“昌邑国”，国都为昌邑县，即现在的山东巨野。之后，屡经变化。

■ 范、张重逢图

■ 范式梦境图

张劭叹了口气说："我死而无怨，只是等不及我那生死之交的好友来给我送葬了。"

郅君章、殷子征两人奇怪地问："难道我们还不能算是你的生死之交吗？"

张劭说："你们对我友情深重，但你们只是我活着时的朋友，而山阳范巨卿却无论我是死是活，都是我的好友啊！"顿了一下，张劭又说，"有件事情，想托你们办一下。请你们务必派人去山阳郡通知范巨卿，请他尽快赶来，不然，我就等不及了。"

郅君章、殷子征两人答应了张劭的请求，派人骑快马到山阳郡报信去了。

范式回到山阳郡后，当地的郡守听说了他的名声，就请他做了郡府的功曹，掌管全郡的礼仪、文教事情。官虽不大，公务却很繁杂。范式尽心职守，把事情办得井井有条，郡守对他十分赏识，有心要再提拔他。

功曹 古代官名。汉代、北齐和唐代都设有该职。汉代郡守设有功曹史、县有主吏，功曹史简称"功曹"，主吏即为功曹。除掌人事外，得以参与郡或县的政务。唐代，在府的称"功曹参军"，在州的称为"司功"。

这一天，范式梦见了张劭，只见张劭头戴黑色王冠，长长的帽带一直垂到脚下，脚上穿的是一双木鞋，好像一位古代的君王。再看张劭脸上一副焦急的样子，好像在呼喊自己，可就是喊不出声音。

范式从梦中惊醒，浑身冷汗。他想，难道贤弟已经作古了吗？这个梦实在不吉利。不行，我要去汝南看看贤弟。

第二天，范式辞别郡守，郡守再三挽留不住，心中十分惋惜。因为，范式这一走，不但提升职务的事吹了，而且连功曹的官职也要丢掉。范式哪里顾得了这许多，他借了匹快马，日夜兼程地向汝南郡赶去。

郡 古代行政区域，始见于战国时期。我国秦代以前郡比县小，从秦代起郡比县大：郡县。汉又增46郡，21国，凡郡国103个。隋朝废郡制，以县直隶于州。唐朝道、州、县，武则天时曾改州为郡，旋复之。明清称府。

范式在途中正遇上张劭派来向他报信的人。他一听这消息，当时就口吐鲜血晕了过去。醒来之后，范式买了白马素车和奔丧用的物品，亲自驾车飞奔而来。一路上，人们都看见这辆飞奔的丧车：白色的马，白色的车，车上的人穿着麻衣，身披白练，不断抽打着马儿飞跑。

可是，就在范式赶到的头几天，张劭已经去世了。老母亲记着儿子的嘱咐，一连等了范式3天，后来实在不能再等，只好把丧事办了。到出殡的这天，当地仰慕张劭名声的人都赶来了，送殡的队伍少说也有上千人。

■ 范式奔丧图

说来也奇怪，那辆载着张劭灵柩的马车走到村口大树下时，车轮突然陷进一个土坑，任凭众人死命地往外拉，车也是纹丝不动。

张劭的母亲哭倒在灵车上说：“儿啊，娘知道你的心愿，可是，山阳郡离这里千里之遥，巨卿实在是赶不到啊！”

正在这时，远处一辆白色马车飞驰而来。张母回首一望，说道：“这一定是山阳郡范巨卿来了。”

果然，这正是范式的白马素车。车到近前，范式跳下车来，扑到张劭的灵柩上痛哭起来，边哭边说道：“贤弟，哥哥来迟一步，让你等急了啊！”

过了一会儿，范式止住哭声，说道：“贤弟，你该去安息了，哥哥送你下葬。”说着他招呼众人扶住车辕，大家使劲一推。真是怪了，这回灵车一下子就出了土坑，又向墓地移动了。

众人见此场面，又感动又吃惊，都赞叹范、张两人真是生死之交，诚信君子，说是由于他们两人的信义感动了上天，才出现了这样的奇事。

范式安葬张劭后，信守当初的诺言，为好友守墓3年。

范式和张劭生死之交，其信义之风，为后人所敬仰。为纪念这两位信义贤者，范式家乡的人们遂将其村子改名为“鸡黍”，并建立了“二贤祠”，供奉范式、张劭。

阅读链接

范式对朋友张劭真诚笃信，为官清廉贤达，他在士人尤其是知识分子当中有很高的声望。他所荐举的都是为人称颂的贤达之士。

一次，范式视察来到新野县，无意之中遇到同游太学的学友南阳人孔仲山。孔仲山因家庭贫穷，父母亲年迈，不得不更名换姓，被雇佣当了新野县阿里街卒。范式知孔仲山高风亮节，立即命县令另派人替代孔仲山，回府后又上了奏章举荐孔仲山。后来，孔仲山官至南海太守。范式因举荐得当，升迁为庐江太守，掌管一郡之政。

黄雀衔环报恩传奇

杨宝是成语“结草衔环”中“衔环”典故的主人公。此事虽属迷信，但后人常以此比喻感恩图报。杨宝是东汉弘农郡华阴人。据说杨宝9岁时，在华阴山路上，看到一只被猫头鹰咬伤的黄雀，从天空掉下来，接着又有无数的蚂蚁爬在黄雀的身上，吸食它的血。杨宝见黄雀痛苦地挣扎，于心不忍，就把这支受伤的黄雀带回家饲养，等到它伤愈之后，又放它飞走了。

杨宝画像

有一天晚上，杨宝梦见黄雀飞回来报恩，它自称是西王母娘娘的使者，同时口里衔着4枚白环要献给杨宝，并且说将来杨宝的子孙都会像这白环一

杨震塑像

样晶莹高贵。

果然，日后杨宝的儿子杨震、孙子杨秉、曾孙杨赐、玄孙杨彪，一个个都飞黄腾达，而且他们的品德操守方面都非常地清白，当时成了传奇。

杨震少年时候，家贫而与母亲独居，靠租种别人家的地养活母亲，乡里人都称赞他孝顺。他在注重品德修行的同时，还特别注意笃学儒家学说，被人称为“关西孔子”，后来成为远近有名的贤良才子。

杨震还善于清廉独处，几经朝廷邀请才出仕做官，先后任过东来和涿郡太守、太尉。任职后，也不忘品德修养，秉公办事，不徇私利。

有一次，杨震的学生王密，拿了10斤黄金深夜来访，谢他栽培之恩。杨震说：“我是看你有才，才荐你做官，你怎么不了解我呢？”

王密说：“夜里无人知晓，收下吧！”

杨震说：“天知，地知，我知，你也知，怎么能说无人知晓呢？做官一任，造福一方，为民当官，以廉为本，如以为人不知晓而受贿，岂不是伤天害理，欺世盗名！”

说得王密十分惭愧，持金而退。

非但如此，杨震还要把清正廉洁家风传给后代。一些亲朋故友见他公而忘私，就劝他为儿孙打算，置办些家产留给儿孙。他说：“让后代成为清官后代，不也是一份很贵重的遗产吗？”

东汉末年，宦官当道，外戚专权。杨震因揭露樊丰、周广等人假传皇令，耗费巨资修宅第受到陷害，太尉印绶被收，罢免官职，朝野都被震动。

杨震满怀悲愤地回到故里，对儿孙家人说：“清廉刚直、以诚为民，是做官的本分。怕只怕那些狡猾的奸臣不能杀掉，我有什么面目重新见到日月！我死之后，用杂木做棺，用单被盖上即可，不要设置祭祠。”

杨震说完这话，为表心志，毅然饮鸩而死，以此正气守节教育他的儿子们。

杨震生有5个儿子，都受到家庭熏陶。其中杨秉尤为出类拔萃。杨秉少年时秉承父业，博通书传，在家乡教书。直至40多岁被举荐，拜侍御史，后历任豫州、荆州、徐州刺史。

杨秉不仅继承了父亲的学问、气节，还继承了父亲清廉刚直的品格。身为刺史，“计日受禄”，余下俸禄一文不取。

杨秉任官执法如同父亲，秉直刚正，疾恶如仇。

一次，他检举揭发地方贪官昏官50人，上报朝廷严肃处理，“天下莫不肃然”，全国为之震动。

杨秉一生与宦官斗争，有智有谋。晚年他总结道：

太尉 太尉之名最早见于《吕氏春秋》。西汉早期，设太尉官多半和军事无关，汉武帝时以贵戚为太尉，一变过去由立武功之臣充任太尉的惯例，而又和丞相同等。汉光武帝刘秀时将大司马改为太尉，以太尉、司徒、司空为三公，太尉管军事，司徒管民政，司空管监察，分别开府，置僚佐。

少年杨震图

■ 杨修被斩图

我有三个不能被诱惑：酒、色、财。

无欲则刚，所以他能大智大勇、大公无私。杨秉不但承继了好家风，而且有所发展。

杨秉的儿子杨赐，也继承了祖父辈传承下来的正直清廉家风，因“少传家学，笃志博闻”，被推荐为汉灵帝刘宏的讲学老师，后来拜为太尉，经常为国直言上书。

议郎 古代官名。郎官的一种。秦代置。西汉时期沿置，属于光禄勋，与中郎相同，高于侍郎、郎中。议郎职为顾问应对，无须轮流当值，充当守卫门户等工作。东汉时期一般郎官均受五官中郎将、左右中郎将管辖，议郎属例外，并参与朝政。

杨赐曾经上疏抨击朝政，用人不论德才，善恶同流。汉灵帝不以为然。后来，杨赐因向汉灵帝面谏，请求改弦更张，罢斥奸邪官吏，结果触怒宦官曹节。杨赐只因为对汉灵帝有“师傅之恩”，才免于死罪。

杨门第四代杨彪为杨赐的儿子，也少传家学，举为孝廉，终生不畏强暴。最初因通晓典章制度，被朝廷征为议郎，与父杨赐同朝为官。

当时的宦官王甫的门生独占官府财物价值70万，

杨彪发现之后立即揭发，汉灵帝准奏后，王甫的养子王萌、王吉、太尉段颎同被处死。这件为民除害的事，大快天下，杨彪本人名声也大震。后因阻止奸臣董卓乱权，被董卓罢官。

汉献帝当皇帝后，任杨彪为太尉。为了有利于国家统一，杨彪一直“尽节卫主”，历经磨难。曹操“挟天子以令诸侯”时，只因杨彪声望影响很大才免于一死。

曹丕建立魏国自立皇帝后，要杨彪出任太尉，杨彪固辞不受，表现了他对大汉王朝的忠诚。

杨彪的儿子杨修“好学，有俊才”。曹操嫉恨他的才能，借故把他杀了，以解自己杀不了杨彪之根。

杨修虽没有像他的前辈那样铸成彪炳品德，但也表现了他的为人耿直，为后人所崇敬。据《汉书·杨震列传》记载：

> 自震至彪、四世太尉、德业相继。能守家风，为世所贵。

这就是杨家公而忘私，忠诚守信，持节不渝的家风。

阅读链接

在现在的华阴市东宫村有一个巨大的牌坊，上面写着“汉太尉杨震故里”。牌坊上的小字则是李白的一首诗：“关西杨伯起，汉日旧称贤。四代三公族，清风播人天。夫子华阴居，开门对玉莲。何事历衡霍，云帆今始还。”

这首诗所赞扬的人和事，就是杨宝和他的儿子杨震、孙子杨秉、曾孙杨赐、玄孙杨彪的故事。这个故事就是杨家的家风，就是杨家代代相传的忧国忧民，刚正廉洁，公而忘私，忠诚守信，持节不渝的品质。

诸葛亮以信诚服孟获

刘备去世后，诸葛亮受先主之托扶助刘禅继了帝位。就在这时，南中地区几个郡闹起来了。当地一个少数民族首领孟获，联络西南一些部族起来反抗蜀汉。

在当时，蜀汉刚遭到猇亭大败和先主死亡，顾不上出兵。诸葛亮一面派人和东吴重新讲和，稳住了这一头；一面奖励生产，兴修水

■ 诸葛亮（181—234），字孔明，号卧龙，山东临沂市沂南县人，三国时期蜀汉丞相、杰出的政治家、军事家、散文家、发明家。诸葛亮为匡扶蜀汉政权，呕心沥血，鞠躬尽瘁，死而后已。其散文代表作有《出师表》《诫子书》等。曾发明木牛流马、孔明灯等，并改造连弩，可一弩十矢俱发。诸葛亮在后世受到极大尊崇，成为后世忠臣楷模，智慧化身。

■ 诸葛亮治蜀图

利，积蓄粮食，训练兵马。过了两年局面稳定了，诸葛亮决定发兵南征。

225年3月，诸葛亮率领大军出发。参军马谡送诸葛亮出城，一直送了几十里地。临别的时候，诸葛亮握住马谡的手，诚恳地说："我们相处好几年了，今天临别，您有什么好主意告诉我吗？"

马谡说："南中的人倚仗地形险要，离开都城又远，早就不服管了。即使我们用大军把他们征服了，以后还是要闹事的。我听说用兵的办法，主要在于攻心，攻城是次要的。丞相这次南征，一定要叫南人心服，才能够一劳永逸呢！"

其实，马谡说的话诸葛亮早就想到了。诸葛亮点头说："谢谢您的帮助，我一定这样办。"

诸葛亮率领蜀军向南进军节节胜利。大军很快平定了几个郡的叛乱。但南中酋长孟获收集了败郡的散

南中 古地区名。相当于今四川省大渡河以南和云南、贵州两省。三国蜀汉以巴、蜀为根据地，其地在巴、蜀之南，故名。在南中地区生活着以彝族为主的众多民族。"南中"一词出现于三国时期，诸葛亮平定南中孟获。

兵继续反抗蜀兵。

诸葛亮一打听，知道孟获不但打仗骁勇，而且在南中地区各族群众中很有威望。于是，他决心把孟获争取过来。他下了一道命令，只许活捉孟获万万不可伤害他。

蜀军和孟获军队交锋的时候蜀军故意败退下来。孟获仗着人多一股劲儿追了过去，很快就中了蜀兵的埋伏。南兵被打得四处逃散，孟获本人就被活捉了。

孟获被押到大营，心里想，这回一定没有活路了。没想到进了大营，诸葛亮立刻叫人给他松了绑，好言好语劝说他归降。但是孟获不服气，说：“我自己不小心，中了你的计，怎么能叫人心服？”

诸葛亮也不勉强他，陪着他一起骑着马在大营外兜了一圈，看看蜀军的营垒和阵容。然后又问孟获：“您看我们的人马怎么样？”

孟获傲慢地说：“以前我没弄清楚你们的虚实，

孟获 是三国时期南中一带少数民族的首领，曾经起兵反叛蜀汉，后来被诸葛亮七擒七纵并降服。《三国志》本传中并未记载孟获其人，他的相关事迹仅在《汉晋春秋》和《襄阳记》等史籍中有记载，小说《三国演义》中也对“七擒孟获”的故事进行了详细的描述。

■ 诸葛亮擒孟获图

■ 诸葛亮擒孟获图

所以败了。今天承蒙您给我看了你们的阵势，我看也不过如此。像这样的阵势，要打赢你们也不难。”

诸葛亮爽朗地笑了起来，说：“既然这样，您就回去好好准备一下再打吧！”

孟获被释放以后逃回自己部落，重整旗鼓又一次进攻蜀军。但他本是一个有勇无谋的人，哪里是诸葛亮的对手，第二次又乖乖地被活捉了。

诸葛亮劝他，见孟获还是不服，又放了他。

就这样又放又捉，一次又一次，一直把孟获捉了7次。至孟获第7次被捉的时候，诸葛亮还要再放。孟获却不愿意走了。孟获流着眼泪说：“丞相七擒七纵，待我可说是仁至义尽了，我打心底里敬服，从今以后，不敢再反了。”

孟获回去以后，还说服各部落全部投降，南中地

丞相 古代官名。我国古代皇帝的股肱，典领百官，辅佐皇帝治理国政，无所不统。丞相制度，起源于战国。秦朝自秦武王开始，设左丞相、右丞相。明太祖朱元璋杀丞相胡惟庸后废除了丞相制度，同时还废除了中书省，大权均集中于皇帝，君主专制得到加强，皇权与相权的斗争以皇权胜利而告终。

区就重新归蜀汉控制。

诸葛亮平定南中后，命令孟获和各部落的首领照旧管理他们原来的地区。有人对诸葛亮说："我们好不容易征服了南中，为什么不派官吏来，反倒仍旧让这些头领管呢？"

诸葛亮说："我们派官吏来没有好处，只有不方便。因为派官吏就得留兵。留下大批兵士粮食接济不上，叫他们吃什么？再说，刚刚打过仗难免死伤了一些人，如果我们留下官吏管理一定会发生祸患。现在我们不派官吏，既不要留军队，又不需要运军粮，让各部落自己管理，汉人和各部落相安无事岂不更好？"

大家听了诸葛亮这番话，都钦佩他想得周到。

诸葛亮率领大军回到成都。后主刘禅和朝廷大臣都到郊外迎接，大家都为平定南中而感到高兴。

诸葛亮七擒七纵孟获，最根本的是诸葛亮用诚信化解了人心，赢得了人心。值得一提的是，诸葛亮在完全征服了孟获之后，一反过去胜利者的惯例，一不留士卒，二不留官吏，所夺之地，尽皆退还，再次体现了攻心为上，不欺不瞒，信守承诺的诚信精神。

阅读链接

相传诸葛亮在征伐孟获时，泸水一带人烟极少，瘴气很重而且泸水有毒。

有人认为应该杀死一些"南蛮"的俘虏，用他们的头去祭泸水的河神。诸葛亮当然不能答应，但为了鼓舞士气，他想出了一个办法：用面粉和成面泥，捏成人头的模样儿蒸熟，当作祭品来代替"蛮"头去祭祀河神。

从此，这种面食就流传了下来，并且传到了北方。但是称为"蛮头"实在太吓人了，人们就用"馒"字换下了"蛮"字，写作"馒头"，久而久之，就这样沿用下来。

宏扬传承

以诚相待

唐宋时期是古代社会的转型期，科举制度为更多的贫寒子弟打开了入仕门路，由此带来的平民精神孕育了两宋儒学精神，促使儒家一贯强调的诚信知报伦理道德，能够向更高层次意义上发展。

唐代是一个诚信思想大发展的时代，唐太宗的诚信之道，开启了唐代诚信建设新世风，涌现出张说、李固言那样清廉的人。

而两宋时期的科举改革，促进了诚信知报伦理道德的新发展。李沆的光明磊落与晏殊的诚实正直，体现了当时人的精神风貌。

皇甫绩的守信精神

隋代儒学的发展繁盛一时，隋文帝杨坚和隋炀帝杨广都比较重视儒家思想的教化、规束作用。在帝王重儒家思想的推动下，社会上涌现出不少诚实守信的人，皇甫绩就是幼年时接受了良好的诚信教育，后来在仕途赢得了广泛声誉。

皇甫绩画像

皇甫绩是隋代安定郡朝那县人，就是现在的甘肃平凉县西境。他3岁的时候父亲就去世了，母亲一个人难以维持家里的生活，就带着他回到娘家住。皇甫绩的外公韦孝宽见他聪明伶俐，又没了父亲，怪可怜的，因此格外疼爱他。

韦家是当地有名的大户人家，家里很富裕。由于家里上学

■ 皇甫绩读书图

的孩子多，外公就请了个教书先生，办了个自家学堂，当时叫私塾。皇甫绩就和表兄弟们都在自家的学堂里上学。

外公是个很严厉的老人，尤其是对他的孙辈们，更是严加管教。私塾开学的时候，就立下规矩，谁要是无故不完成作业，就按照家法重打20大板。

皇甫绩很聪明，读书、写文章，他的表哥表弟都不如他，常常受到外祖父的表扬。皇甫绩喜欢下象棋，但下不过表哥，他不服输，私下里反复琢磨。

有一天，皇甫绩要和表哥比下棋，表哥看看天，太阳已经偏西了，说："该上课了，以后再下吧！"

表弟也说："耽误学习，爷爷会不高兴的。"

但皇甫绩苦苦哀求，表哥有些过意不去，心想：皇甫绩从小丧父，跟姑妈回来，爸爸和爷爷都说，凡事要让着他，不要惹他生气。想到这里，就说："好吧！咱们快点下完棋就去上课，别让老师等咱们。"

韦孝宽（509—580），南北朝时期西魏、北周杰出的军事家、战略家。韦孝宽在边关多年，屡抗强敌所有经略，在布置之初，人莫能解，待事情办成后，人们才恍然大悟，无不惊叹折服。

于是，他们三人开始下棋。结果一贪玩，不知不觉就到了下午上课的时间，大家都忘记了做教师上午留的作业。

第二天，这件事被外公知道了，他把几个孙子叫到书房里，狠狠地训斥了一顿。然后按照规矩，每人打了20大板。外公看皇甫绩年龄最小，平时又很乖巧，再加上没有爸爸，不忍心打他。

于是，就把他叫到一边，慈祥地对他说："你还小，这次我就不罚你了。不过，以后不能再犯这样的错误。不做功课，不学好本领，将来怎么能成大事？"

表兄们看到小皇甫绩没有被罚，心里都很高兴。可是，小皇甫绩心里很难过，他想：我和哥哥们犯了一样的错误，耽误了功课，外公没有责罚我，这是心疼我。可是我自己不能放纵自己，应该也按照私塾的规矩，被重打20大板。

皇甫绩深感内疚，但又不知该怎么办好。他向母亲认了错。母亲对他说："你知错就好，做人一定要诚实，有错勇于认错，勇于改错，才是一个好孩子。"

第二天，皇甫绩去找表哥道歉，并请求表哥代替外公打他20大板。表哥听后，哈哈大笑起来，说："事情已经过去了，以后不要再犯就是了，挨打的滋味是不好受的。"

皇甫绩急了，说："表哥，如果你希望我长大成为一个有用的人，你就给我一个改错的机会吧！这次下棋明明是我的错，我欺骗了自己，而挨打的却是你。我现在知错，要改错，而你又不愿意我改，这样下去，会造成今后的大错，请表哥三思！"

表哥觉得皇甫绩的话有道理，就顺手拿起树枝轻轻地在皇甫绩身上打了几下。

皇甫绩说："表哥，这样不疼不痒等于没打，也让我下不了改的决心。外公怎样打你，你就怎样打我！"说完，皇甫绩一本正经地趴在凳子上，接着说："这是私塾里的规矩，我们都向外公保证过触犯规矩甘愿受罚，不然的话就不遵守诺言。你们都按规矩受罚了，我也不能例外。"

表兄们都被皇甫绩这种信守学堂规矩，诚心改过的精神感动了。

皇甫绩请求表兄责罚

于是，就拿出戒尺打了皇甫绩20大板。打完后，皇甫绩爬起来说："这才是我的好表哥，有罪同受嘛！"

外公听说此事，对皇甫绩的母亲说："这孩子真诚实，将来会有出息的。"

经过了这件事，皇甫绩从此专心读书学习，阅读了大量的经史书籍，渐渐以博学闻名天下。后来，皇甫绩在朝廷里做了大官。由于这种从小养成的信守诺言、勇于承认错误的品德一直没有丢，这使他在文武百官中享有很高的声望。

隋文帝建立隋政权后，皇甫绩相继任豫州刺史、尚书，后又出任晋州、苏州刺史。在皇甫绩出任苏州刺史时，当时隋代政权刚刚建立，南方社会秩序混乱。590年，南方士族高智慧在越州发动叛乱，苏州人顾子元响应围攻苏州城。皇甫绩忠于职守，在此苦守80余日。

后来，隋将杨素率大军前来支援，击败了叛军，皇甫绩得以解除险境。由于皇甫绩守约坚守苏州80多日，为隋军统一江南赢得了时间。南北统一后，朝廷嘉其功，擢为信州总管，指挥十二州军事。

不久，皇甫绩因病请求退休，有诏调他回京，赐他御药。宫中的使者去看望他络绎不绝，相望于道。最后他在家中去世，时年52岁。

阅读链接

皇甫绩的性格深受其外公韦孝宽的影响。韦孝宽广读经史，足智多谋，攻守兼备。在战胜东魏、攻灭北齐的战争中颇有战功。北周时官至大司空、延州总管、上柱国。

韦氏与皇甫氏本是官宦世家，故皇甫绩少长，即在北周朝廷工作，周武帝为鲁公时引为侍读，转任宫尹中士。皇甫绩志在国家统一，曾多次上疏建议伐南陈。后来，隋军对江南陈朝作战，皇甫绩按部署坚守苏州，为隋文帝统一江南立下了功劳，也实现了自己的夙愿。

唐太宗的诚信之道

唐代诚信在古代思想史上占有重要地位。唐代社会对诚信的践诺，是社会稳定、政治清明的重要因素之一，也是唐代经济迅速恢复和发展，并走向强盛的保证。唐代诚信思想与君主的个人素质都有着密切关系，唐太宗李世民就是打造唐代诚信特质的一代帝王。

唐太宗李世民

唐太宗经常跟大臣们在一起谈论诚信，向他们说明要治理好国家必须要讲诚信，要求他们将诚信作为立身和处事的准则。

643年的一天，唐太宗又跟身边的大臣讨论诚信问题。他先讲了孔子的一段话，说的是孔子的学生子贡问孔子如何治理国家，孔子回答说，要做到粮食充足，军备充足，取信于民，而在这三者之中，孔子首先看重诚信。接着，唐太宗结合历史经验教训，阐发了孔子所说的“民无信不立”的观点。

宰相房玄龄谈了他的体会：仁、义、礼、智、信，这是5条行为规范，违反哪一条都不行。能经常实行，大有好处。商纣王违反这5条，政权为周武王所夺得。项羽不讲诚信，终为刘邦所败。

唐太宗自己在诚信方面不仅很注意以身作则，还能接受大臣们的监督。只要大臣向他提意见，他听了不但不觉得丢面子，还会表扬提意见的大臣。

唐太宗在即位之初，曾花大力气整顿吏治，下决心要在官场根治贪污受贿的不治之症。为了侦查那些受贿和将来有可能受贿的贪官污吏，他令亲信暗中向各部官员行贿，结果还真查处了几个贪官。

唐太宗在得意之余把他的谋略告诉一位大臣，没想到这位大臣当场泼了他一瓢冷水，他说：“陛下平时总告诫臣民要诚信待人，可陛下自己却先行欺诈之术，上梁不正下梁歪，臣民会一样用欺诈的手段报答你。”

唐太宗不但没发怒，反而认为大臣的话有很深的智慧，便欣然接受了这句逆耳的忠言。他还通过这件事，加深了自己的认识。

又有一次，有个大臣给唐太宗出主意：“陛下可以用诈的办法

■ 房玄龄（579—648），唐代开国宰相，杰出谋臣，总领百司，掌政务达20年，“贞观之治”的主要缔造者之一。去世后谥号“文昭”，配享太宗庙庭，陪葬昭陵。

试出忠奸，比如陛下可以佯装发怒以试群臣。如果直言进谏，不怕冒犯圣上，则是正直之人。如果阿谀逢迎，则是佞人。”

唐太宗对他说：“我要在普天之下实行诚信，不想以诈道教化臣民。你的话我不想采纳。”

唐太宗为何不采纳用诈道清除佞臣的建议呢？他对大臣封德彝说出了原因：“流水是清是浊，取决于源头。国君是政治的源头，臣下好比流水。国君自己行诈术，而要臣下行直道，就好比源头混浊，而望流水清澈，是根本不可能的。我常常因为魏武帝曹操多诡诈，深鄙其为人。像他这样做，政令怎能贯彻呢？”

■ 唐太宗李世民像

对犯有过错的大臣，唐太宗总是批评教育，给予改过自新的机会，不一棍子打死。有一次宫中宴会，发生了纠纷。时任同州刺史的功臣尉迟敬德生气地对坐在他上首的人说：“你有何功劳，坐在我上首！”

坐在尉迟敬德下首的任城王李道宗劝说尉迟，哪知尉迟对李道宗报以老拳，几乎将其眼睛打瞎。

唐太宗一气之下，宣布中止宴会。他对尉迟敬德说：“我见汉高祖刘邦诛灭功臣，常常有责怪他的意思。我想与你们这些功臣共保富贵，想不到你屡次犯法。我才知道韩信、彭越这些功臣被杀，并非汉高祖的罪过。国家的纲纪，就靠赏与罚维持。好自为之，不要后悔莫及。”

上首　亦称上手，原为佛教用语，意为大众之中位居最上者，后为俗间借用，特指酒席宴间最尊之位。坐上首必须具有一定资格。一些特殊场合如定亲、结婚宴上，女方来的客人被尊为“大客”，是必定坐于上首的。除此之外的酒桌，以桌为单位，一般以年长者为尊，若论明了亲戚关系，则以辈分高者为尊。

都督 古代军事长官。兴于三国时期，其后发展成为地方军事长官。唐代初期，都督为领军出征者为行军总管或大总管，后以总管府为都督府。唐代都督权轻，虽加使持节之号，并不真正赐节。唐代后各代袭用都督名号，但名号虽同，其职权与组织形式已迥异。

遭到唐太宗训斥之后，尉迟敬德改变了许多。魏徵去世后，唐太宗说过一句很有名的话：

> 人以铜为镜，可以正衣冠；以古为镜，可以知兴替；以人为镜，可以知得失。

说明他是一位很清醒的君主，接受了强大、富庶的隋帝国一朝覆亡的深刻教训，愿意正视自己的缺点错误，以及施政中的过失，能够自觉地听取臣下的批评意见。

唐太宗听取大臣们的批评意见是很恳切的。他经常要求大臣们对他的过失“明言之”。有一次，唐太宗要群臣向他提意见，群臣这样说道：“皇上已经没有过失了。”

■ 唐太宗雕像

唐太宗听了这话，就批评他们说：“我有过错，你们应该帮我指出来，好让我改掉这些错误，更好地治理国家。可你们却对我阿谀奉承。我想当面列举你们各位的长处和短处，让你们改掉说奉承话的毛病。”接着唐太宗说出了在场的每一位大臣的优缺点。大臣们听了，更加佩服皇上了。

唐太宗能比较自觉地以国

■ 唐太宗雕像

家法律约束自己，一旦发觉自己的做法违背了法律还能认真进行检讨。有一次，有个叫党仁弘的大将，做广州都督时，贪污了上百万的钱财。这件事被人告发后，主管司法工作的大理寺，将他依法判成死刑。

唐太宗很器重党仁弘，认为他是个非常难得的人才，舍不得杀他。于是便下了一道圣旨，否决了大理寺的判决，改成撤销职务流放边疆的处分。

处理之后，唐太宗心里很不安，感到自己出于个人感情置国家法律于不顾，做得很不应该。于是他把大臣召到一起，心情沉痛地向大家检讨说："法律是皇帝按照上天的旨意批准制定的，皇帝应该带头执行，而不能因为私念，不守法律，失信于民。我因私念袒护党仁弘，赦免了他的死罪，实在是以私心乱国法啊！"

大理寺 古代官署名。掌刑狱案件审理。秦汉时期始置。唐代由大理寺卿与刑部尚书、侍郎会同御史中丞会审，称"三司使"。后世历代因之，宋代对其改革较大，改京官则为检法官。清代为"大理院"。

罪己诏 是古代的帝王在朝廷出现问题、国家遭受天灾、政权处于安危时，自省或检讨自己过失、过错发生的一种口谕或文书。它通常是在3种情况下出现：一是君臣错位；二是天灾造成灾难；三是政权危难之时。用意都是自责，只是情节轻重有别。

有些大臣正想宽慰唐太宗几句，但唐太宗说完以后却当场宣布，为了这件事，他将亲自到京城的南郊去，住草房，吃素食，向上天谢罪3日。

这一下，满朝的大臣都吃惊了，感到唐太宗为这点事，竟然要这样做，太过分了，于是便纷纷跪下劝阻。房玄龄对唐太宗说：“皇帝是一国之主，生杀大权是皇帝掌握的，陛下何必把这件事看得这样重，内疚自贬到这种程度呢？”

唐太宗并没有因为大家的劝说、宽慰而原谅自己。他自责地说：“正因为皇帝是掌握生杀大权的，才更应该慎重认真，严格地按照国家法律办事呀！而我却没有听从大理寺依法判决的正确意见，反而不顾法律，一意孤行，这怎么能原谅自己呢？”

■ 唐太宗浮雕像

天快黑了，唐太宗见大家一直跪在地上阻拦，硬是不让他去郊外，便感慨万分地说：“你们不要跪在地上了，快起来吧！我决定暂时不到郊外向上天谢罪了。但是，一定要下诏书，把自己的罪过公布于天下！”说着就毅然拿起笔来，写了一道“罪己诏”。

唐太宗在“罪己诏”中检查说道：

唐太宗故事雕塑

我在处理党仁弘之事上，有三大过错，一是知人不明，错用了党仁弘；二是以私乱法，包庇了党仁弘；三是赏罚不明，处理得不公正。

唐太宗向大臣们宣读之后，立即下令，将他的“罪己诏”向全国的臣民公布。

阅读链接

唐太宗执政时期，他任人廉能，知人善用；广开言路，尊重生命，自我克制，虚心纳谏，重用魏徵等诤臣；采取了一些以农为本，厉行节约，休养生息，文教复兴，完善科举制度等政策；大力平定外患，尊重边族风俗，稳固边疆。在君臣的共同努力之下，大唐王朝出现了一个政治清明、经济发展、社会安定、武功兴盛的治世。

这是唐代的第一个治世。当时年号为“贞观”，故史称“贞观之治”。它为后来的开元之治奠定了厚实的基础。

唐代张说不做伪证

唐代政治家提倡诚信为国之本，国家强大也在于有信有礼，这些都发展了唐代政治诚信理念。唐代著名政治家、文学家和诗人张说就做到了对自己自信和对他人讲诚信。

张说是宰相魏元忠的部下。魏元忠曾经为贞观之治向开元盛世的顺利过渡起了一定的积极作用。张说为人正直，不畏权势，不替权奸做伪证陷害忠良的行为，表现出高尚的品格。

张说画像

张说不做伪这件事，还要从武则天当政时说起。

690年，武则天即位，她最宠幸的“两张”即张昌宗和张易之，这两个人十分奸佞，权势很大，满朝文武都怕他们三分。可是宰相魏元忠却不把他们放在眼里。

魏元忠还在洛州当刺史的时候，张易之的一个仆人仗势欺人残害百姓，洛阳官员因他是张易之的人，谁也不敢处置他。魏元忠知道了此事就把他抓起来，做了重处。张易之从此怀恨在心，伺机报复。

■ 武则天

魏元忠当了宰相以后，武则天想把张易之的弟弟张昌期任命为长史。一些大臣为了迎合武则天都称赞张昌期能干，魏元忠却说张昌期不适合当此重任，武则天因此就没有提拔张昌期。

经过这件事，张昌宗、张易之更把魏元忠视为眼中钉，千方百计想把他除掉。他们就在武则天面前诬告魏元忠，说魏元忠曾经在背后议论："太后老了，不如跟太子靠得住。"

武则天一听大怒，把魏元忠给抓起来打进了监牢，还要亲自审讯，并要张昌宗、张易之当面对证。

张昌宗怕此事败露，又想出一个毒计，想找一个假证人陷害魏元忠。他们想来想去，最后物色到魏元忠的部下张说。他派人把张说找来，逼迫他答应此事，并答应他事成之后，不仅重赏，还要提拔他。

张说明知魏元忠冤枉，但是又害怕张昌宗等人的权势。思想斗争得很厉害，他知道这将关系到他个人的生死。

洛州 唐代初期将河南郡改名为"洛州"，治所在洛阳县，位于现在洛阳市东北。唐玄宗开元元年改名为"河南府"。在唐代洛阳，有一个说法叫"洛州无影"。洛州，即洛阳，其位置在北回归线以北，从天文的角度讲，这里一年之中任何时候都不可能出现"无影"的情形。

右丞相 古代官名。自汉代始有尚书左丞、尚书右丞。元代及明代初期有中书右丞、中书左丞。基本上右丞相的官职大于左丞相。不过也有种说法：每个朝代都是不同的，南宋时右相大，北宋时左相大，秦代时右相大，汉代右相大，明代左相大，清代也是以左为尊，如左督御史比右督大。

第二天，武则天上朝，召集文武官员、太子和宰相，要张昌宗和魏元忠当面对质。魏元忠原本没有此事，自然坚决不承认。魏元忠就同张昌宗争论起来，半天没有结果。

这时，张昌宗就对武则天说："魏元忠部下的张说就听到过这些话，可以把他找来做证。"

武则天立刻传令让张说进宫。其实官员们都知道发生了什么事，知道张说受到了胁迫，听说张说要上朝做证，大家都非常担忧。

这时，右丞相宋璟见到张说，对他说："此事关系甚大，千万不要附和奸臣，陷害好人啊！一定要说真话，即使得罪了皇上，被流放脸上也光彩。一个人的名誉是最可贵的。"

史官刘知几也提醒张说道："不要玷污你的清白，不要连累后代子孙啊！"

■ 宋璟像

张说心里早就拿定了主意，他不慌不忙地上了朝堂。

武则天两眼盯住张说，问道："你听到魏元忠诽谤朝廷的话了吗？"

魏元忠一见张说，就说："张说你要分辨是非，千万别跟张昌宗一起陷害我。"

张昌宗在旁边威胁催促张说说："你别去理他，不要害怕，赶快大胆做证！"

■ 张说直言图

张说见这种情景，就势向武则天说道："陛下请看，在陛下您面前，张昌宗还敢这样胁迫我，可以想见他在宫外是怎样霸道了。我不能不说实话了，我确实没有听到魏元忠说过反对陛下的话，是张昌宗逼迫我来做假证人的。"

张昌宗一见张说变了卦，气急败坏地叫了起来："好你个张说，你是魏元忠的同谋犯！"

武则天是个聪明的人，听了张说的话，明知魏元忠的确冤枉，但她又不愿让张昌宗他们下不了台，就斥责张说说："你真是反复无常的小人。"并下令把张说也抓起来。

事后，武则天又多次派人审讯张说，可是张说已经横下一条心，坚决不做伪证。耿直的张说保住了魏元忠。武则天虽然没有抓住魏元忠谋反的证据，但她还是偏心，撤了张说的职务，又把张说判了流放罪。

史官 历代均设置专门记录和编撰历史的官职，统称"史官"。各代对史官的称谓与分类多不相同，但主要可以分为记录类和编纂类两种。有专门负责记录的的史官，记录皇帝的言行与政务得失。还有史馆的史官，专门编写前代王朝的官方历史。

不久，唐玄宗当政。宰相张柬之和一些官员把张昌宗和张易之等都抓了起来。由于张说以诚为本，尊重事实，不做假证，在朝廷大臣中获得了很高的声誉。

张说在流放期间，精心构思了一组诗，题名为《五君咏》，咏赞初唐名臣魏元忠、苏瑰、李峤、郭立振、赵彦昭5人。其中的一首《魏齐公元忠》写道：

齐公生人表，迥天闻鹤唳。
清论早揣摩，玄心晚超诣。
入相廊庙静，出军沙漠霁。
见深吕禄忧，举后陈平计。
甘心除君恶，足以报先帝。

张说找到同事的儿子苏颋，请他把《五君咏》转交给当今皇上唐玄宗李隆基，以明心志。苏颋看后，当堂呜咽流涕，悲不自胜。等上朝时，他就在唐玄宗面前盛赞张说。最后，沦落荒蛮之地的大臣张说再次回到朝中。

阅读链接

传说张说少年时勤奋好学，乐于助人。一次，受到张说帮助的一个老者赠送给他一颗颜色深青而泛红的绀珠，并告诉他：“绀珠名叫记事珠。读书行文办事时，将它握在手中，就能记事不忘。”老人讲罢，转身就不见了。

张说认为这是神佑好人，上天要助他成就功名。因此，张说就将这颗绀珠秘藏于身，终身携带。后来，张说在朝廷中出将入相，文经武纬，吟诗作赋，笔墨文章，无一不通，广负盛名，传说就与这颗绀珠有很大关系。

诚实为官的李固言

唐代儒生以文化和思想的传承与创新为己任，继承和发展了先秦时期对诚信之德的阐释。他们不仅自觉地将诚信视为士大夫必备的道德操守，并将其作为为人处世的基本准则。唐代儒生以诚交友、诚信为官现象比较普遍。唐代中期的儒生李固言就是其中之一。

李固言出身低微，自幼勤奋好学。他为人忠厚老实，有一年去参加京试住在表亲柳家。柳家的表兄弟们和他闹着玩，偷着写了“此处有屋出租”的字条贴在李固言的头巾上。李固言自己一点不知道被兄弟们贴了纸条，他出门时，看见的人都偷着笑。

在当时，来京城考试的举子为求登科，有“行卷”之说，即将自己的佳作呈交于达官贵人，求他们赏识，

状元 科举考试以名列第一者为“元”，乡试称“解元”，会试称“会元”，殿试称“状元”。唐代制，举人赴京应礼部试者必须投状，因称居首者为状头，故有“状元”之称。从隋代开始实行科举制以来，经历唐宋元明清各代，直至清代废除，历经近1300年。

提高声誉，以便中第。李固言想拿自己的文章去求教人，就跟柳氏兄弟商量。柳氏兄弟就带他到一个地位比较低的官员许孟容的住地，让李固言进去求见。

许孟容说：“我是个闲官，没能力帮你。但是，你的心意，我记在心里。”许孟容又看到李固言头巾上的纸条，知道他忠厚，是被同龄人取笑了。

后来，许孟容升了官，当了科举考试的主考官，李固言参加考试。许孟容原来就知道李固言忠厚，现在又见他的文章不但文笔流畅，而且见解独到，就把李固言选为科举考试的状元。

李固言任华州刺史时，严惩奸吏，打击地方豪强。他处事认真不谋私利，不为亲友谋官。为政不计亲疏，主张任人唯贤。任河中节度使期间，也积极革除弊政。

李固言有口吃的毛病，平常不善言辞，然而每

■ 唐代科举图

每议事论政则头头是道，很有条理。

唐文宗李昂执政时期李固言在朝廷做官。当时身处牛李两党争斗之中，他既要明哲保身，又要与邪恶势力争夺实属不易。

牛党头面人物李宗闵、牛僧孺等大都是科举正途出身，对新进士特别重视，而李固言又是赵郡李姓的世家子弟，与李党代表人物李德裕同宗。因此，他既是牛党拉拢的对象，又是李党乐于接纳的对象。

李固言身在朝廷仍然保持自己诚实耿直的本性，不像其他官员处事那么圆滑。他心里怎么想的就怎么说，从不做不诚实的事情。有一次，唐文宗让李固言颁布诏书，内容是让降职的官员王堪去做太子的宾客，辅佐太子。可是李固言手捧诏书，站立不动。

皇帝觉得很奇怪，就问他："爱卿，你还有什么事吗？"

李固言思虑说："陛下，臣以为此事有些不妥。"

唐文宗很不高兴地说："有何不妥！事情已经决定了，你宣读诏书就是了。"

李固言仍然没有宣读诏书，他想如实地对皇帝说出自己的想法，但本来就有些口吃，一着急，不知怎样表达自己的意见才好。

唐文宗看李固言仍不肯宣读诏书，就生气地离开了朝堂。

李固言回去后，写了一份奏折给皇上，意思说，太子是未来的接班人，应该由有贤德的大臣陪伴，被降职的大臣不适合做太子宾客。

皇上看了，觉得很有道理，就把王堪改任了。

还有一次，群臣议事，唐文宗突然问文武百官："朕听说有些州县官员不称职，这事是真的吗？"

众大臣不知皇上心里想的是什么，又怕得罪人。虽然知道确实有些州县官员不称职，但是没人敢说。有的说没有，有的说这是谣传，有的则低头不说话。这时，李固言站出来说："启禀圣上，臣得知确有此事，而且邓州刺史李堪，随州刺史郑襄尤其不称职。"

李堪是朝中大臣郑覃举荐的，郑覃怕李堪的失职对自己不利，就马上站出来辩解："微臣了解李堪的为人。再说管理那么多事情，有些疏忽是难免的。"

李固言还想说话，但是唐文宗把话题引开了，谈起别的事来。

其实，唐文宗知道李固言是个诚实人，不会胡说，是郑覃怕受责备才巧言狡辩。可是他怕朝臣之间闹矛盾，不利于国家，就没再追问下去。李固言的诚实却记在了唐文宗的脑子里，不久就提拔了李固言，让他做尚书右丞。

诚实的李固言靠自己的功绩连连高升，后为太子少师、东都留守、太子太傅。他出将入相，历任4朝，去世后被追赠为太尉。

阅读链接

传说在唐宪宗李纯执政时期，李固言曾经遇到一个老妇对他说："郎君不久将及第，22年后当宰相。"

李固言当时对此将信将疑。20年后的一天，老妇突然来拜访已经是宰相的李固言。他想起了当年的事情，穿着官服拜谢了老妇，将她请到大厅里。

李固言为老妇摆设了丰盛的酒宴，但她不吃，只喝了几杯酒，便要告辞。并拿了李固言妻子的一枚象牙梳子，要求李固言题字留作纪念。李固言将她送到大门口。从此，李固言再也没见过她。

李沆行事光明磊落

古代诚信知报思想发展至宋代，随着北宋理学的开创，促进了儒家诚信知报伦理道德的新发展，在社会生活的方方面面产生了极大影响。而北宋真宗时的李沆，在做人之道和为政之道方面光明磊落，说真话，做实事，不虚伪，体现了真实不欺的美德，堪称这一时期的典型。

李沆画像

李沆是宋真宗赵恒最早的宰相之一。他在宋太宗赵匡义时就得到了重视，宋太宗称“李沆风度端凝，真贵人也”。

李沆是很受宋真宗信任的一位大臣，常常有机会单独和皇帝讨论国家大事，但是他从来没有向皇帝报告过其他人的隐私。他在皇帝面前怎么说，在朝廷上照样也怎么

■ 李沆画像

说，从没做过当面一套，背后一套的事情。

有一回，李沆和另一位大臣发生了意见分歧，起因是对一位官员的处罚问题。这个官员在宋朝与西夏国的战争中，未能将粮草及时运到军中，按军令该斩。李沆听说后，对事情做了一番调查，认为应该免这人的死罪。

李沆在朝廷上据理力争，他说："此人失职的真正原因是有人故意延误发粮时间嫁祸于他。就算他有一定的责任也不该判死罪，何况此人很有才干，而且一向勤勉谨慎，功大于过，杀了他是国家的一大损失。"

另一位大臣却认为："无论责任大小都应该斩首，这样才能严明法纪，警示他人。"

李沆和这位大臣各抒己见，争得面红耳赤，谁也没能说服谁，只好把此事送交刑部再去研究。

同李沆争论的这位大臣平时就对李沆不满。经过这次争论之后，他更是怀恨在心，认为李沆是故意和自己过不去。

这位大臣为了报复，就派人四处散布说："李沆和犯罪的官员有交情，所以徇私枉法，包庇坏人。"他还暗地里向宋真宗告了一状，说李沆不仅目无朝廷法纪，而且一向独断专行，连皇上的话也不怎么听。

刑部 古代官署。隋文帝定六部制度，初沿北齐时期置都官，后改称刑部，主官为尚书。后代均以刑部掌法律刑狱，与最高法院性质的大理寺并列，元代只设刑部，无大理寺。

与此同时，李沆忙于公务，早把争论的事忘记了。所以，尽管朝中议论纷纷，他却根本不知道。后来，有人提醒他防备暗算。他听后笑了笑说："我诚实办事，诚实对人。既然问心无愧，怕什么暗算！"

再说宋真宗，他对李沆的人品还是比较了解和信任的。听了那位大臣的密报之后，他半信半疑，很想听听李沆这一方面的意见。这天下朝之后，他吩咐太监把李沆叫到偏殿。

李沆来到以后，宋真宗身着便装，神态安闲地叫李沆坐下，还叫太监上茶。李沆知道皇上又要单独和他谈论政事，心情也轻松下来。果然，宋真宗同他谈起近来边防上的战事。说着说着，宋真宗话锋一转，突然问起对那个官员的处罚来。

李沆没有准备，愣了一下，说道："此事臣已经有详细的奏报送上来。陛下还没有看过吗？"

偏殿 对正殿而言。正殿即主殿，位置处于正中的主要殿宇。偏殿是正殿旁侧之殿，位于正殿的东西两侧。正殿两侧之所以建有偏殿，既体现了古代建筑的对称风格，同时，偏殿在使用上也具有一定的功能，它同样在我国古代建筑史上占有重要地位。

■ 宋代官员

宋真宗不动声色地说："朕只是想亲自听听你的陈述。"

李沆把自己的意见讲了一遍，然后又强调了这人的才干，说眼下正是国家用人之际，应该给他一个将功补过的机会。李沆陈述完，见宋真宗似乎还想听下去，便问道："陛下还有什么想了解的吗？"

这一问倒把宋真宗问得愣了一下，他说："你的意见都讲完了吗？是否还有什么不便说的，尽管说吧！"

李沆答道："臣的想法都说了，此事就请陛下裁断吧！"

宋真宗沉吟了一下，说道："你看某某这人怎么样？"宋真宗指的就是那个告李沆状的大臣。

李沆认真地答道："此公有宰相之才，唯有一点缺憾，就是气量狭窄。但还算是一位称职的大臣。"

宋真宗说："好吧，那你先回去吧，那件事待朕再斟酌一下。"

李沆刚起身要走，宋真宗忽然又问了一句："其他大臣都曾向朕密奏过事情，你为何从没有过密奏呢？"

李沆答道："臣以为我身为朝廷大臣，所做的都是朝廷上的公事。既然是公事为何不能公开在朝堂上讲而要密奏呢？凡是需要密奏的事情，我看除了为国家除掉谋反的奸臣之外，大都有不可告人的动机。臣一向反对这样的行为，怎么敢学着去做呢？"

李沆像

宋真宗听后没说什么，挥挥手让李沆退下。

李沆走后，宋真宗站在那里，沉思一会。他想：像李沆这样一个诚实正派的人，是决不会徇私枉法的。看来，我对那些打秘密报告的人倒是要警惕一下呢！

宋真宗画像

在封建时代，皇帝周围的大臣在奏报公事之外，往往还要私下里向皇帝秘密报告一些事情。从皇帝方面来说，是想通过这些秘密报告掌握宫内外的一切动态，监视大臣们平时的言行和人品；从大臣们的方面来说，这样做除了可以打击自己的政敌，达到自己的政治目的以外，还能够以此来赢得皇帝的信任和宠幸。

这些秘密报告的内容一般都是别人私下里的言谈举动。它们有时能够起到揭露阴谋、打击权贵的正面作用，但在更多的情况下，却成了陷害他人，抬高自己的一种手段。

李沆从不做密奏这件事，而且能够以诚实之心，光明正大，泰然处之。宋真宗更加信任和依靠他了。

李沆秉性亮直，内行修谨。由于他器度宏远，能识大体，被时人称为“圣相”。

阅读链接

李沆在官场上不追求声誉，行动遵守制度，别人都不能因为私事求他。

他每次退朝后回到家里，整天正襟危坐，从不躺着。他的宅第议事大厅的门前只能容下一辆马车。他家堂前的小花园坏了，李沆每天都经过，从不提起此事。李沆和他的几个弟弟都很友爱，尤其器重李维，有空的时候两人对饮谈话，从不提及朝政，也从不询问家事。

晏殊的诚实与正直

晏殊像

北宋时期对诚信思想的发展，除了在宰相李沆身上有很好的体现外，另一位宰相晏殊也是这一时期的典型。晏殊是北宋时期抚州临川文港乡人，素以诚实著称。

晏殊小时候就诚实、正直，并且聪明过人，7岁能作文。14岁时，被江南安抚使张知白当作“神童”推荐给宋真宗赵恒。1005年，晏殊来到京城，与来自全国各地的3100多名举人同时入殿参加考试。晏殊本可以直接由皇上面试，但他执意要参加科举会考。他认为只有会考所反映出的成绩，才算是自己的真实才学。

■ 晏殊参加科考图

主考官同意了晏殊的要求，决定让他同其他举人一起会考。在考场上，晏殊非常地沉着冷静，卷子答得又快又好，受到了宋真宗的赞许，赏他“同进士出身”的称号。

第二天又复试，题目是《诗赋论》。晏殊看见题目，发现考题是自己曾经练习写过的。于是，他毫不犹豫地向主考官说明实情：“考官大人，这个题目我曾经练习写过，请另外出一个题目给我做吧！”

主考官不以为然，以为晏殊多事，就说：“做过的题目也不要紧，你写出来，如果做得好，也可录取。再说，另外换个题目，万一做不好，就要落第，你要三思而行。”

晏殊似乎已经深思熟虑了，他说：“不换题目，即使考中了，也不是我的真才实学；换了做不好，说明我学问还不够，我不会有一句怨言的。”

考官听了，同意给晏殊另外再出一个题目。

安抚使 古代官名，为由朝廷派遣处理地方事务的官员。隋代曾设安抚大使，为行军主帅兼职。唐代前期派大臣巡视经过战争或受灾地区，称“安抚使”。宋代初期沿之，为诸路灾伤及用兵的特遣专使。后渐成为各路负责军务治安的长官，以知州、知府兼任。

■宋真宗赵恒

晏殊拿到新题目以后，反复看了看，思考了一会儿，就拿起笔来一气呵成。考官惊呆了，觉得此人文思敏捷，真乃奇才。晏殊要求重新出题的诚实行为，而且真真实实地“考”出了自己的水平，受到人们的敬重，不仅在考生中传开，也传到了宋真宗那里。

宋真宗马上召见了晏殊，称赞说：“你不仅有真才实学，更重要的是，具有诚实不欺的好品质！”

晏殊遇上自己熟悉的考题，原本可以轻松答出，在3000多举人中一举成名，却请求另给题目，是晏殊傻吗？不，因为他诚实，更因为他相信自己的真才实学。宋真宗也正是因为如此，所以特别喜欢他，并破格任用他为翰林。

晏殊初出茅庐当职时，正值天下太平，京城的大小官员便经常到郊外游玩，或在城内的酒楼、茶馆举行各种宴会。晏殊家贫，无钱出去吃喝玩乐，只好在家里和兄弟们读写文章。

有一天，宋真宗要为太子挑选老师，但不叫大臣推荐，自己直接点名要晏殊担任。大臣们很惊讶。宋真宗说：“我听说晏殊常闭门读书不参加各种宴会，这是一个忠厚谨慎的人，放在太子身边最合适。”

晏殊拜见皇帝谢恩时解释说：“我不是不愿游玩，不愿参加宴会，因为我家贫穷办不到。我要是有钱，也是会去的。”宋真宗见晏殊如此肯讲实话，对他特别赞赏，更加信任他，眷宠日深。

晏殊以难能可贵的坦率诚实品格，在皇帝和群臣面前树立了信誉。宋仁宗赵祯登位后，晏殊得以大用，官至宰相。晏殊做了宰相，也没有矫揉造作，很得百姓拥戴。

晏殊虽多年身居要位，却平易近人。他唯贤是举，范仲淹、孔道辅、王安石等均出自其门下；韩琦、富弼、欧阳修等皆经他栽培、荐引，都得到重用。晏殊诚恳地对待每一位学子。

有一次，晏殊路过扬州，在城里走累了，就与随从进大明寺休息。晏殊进了庙里，看见墙上写了好些题诗。他挺感兴趣，就找把椅子坐下。然后，让随从给他念墙上的诗，可不许念出题诗人的名字和身份。

晏殊听了会儿，觉得有一首诗写得挺不错，就问：“哪位写的？” 随从说叫王琪。晏殊就叫人去找这个王琪。

王琪被找来了，拜见了晏殊。晏殊跟他一聊，挺谈得来，就高兴地请他吃饭。俩人吃完饭，一起到后花园去散步。这会儿正是晚春时候，满地都是落花。一阵小风吹过，花瓣一团团地随风飘舞，好看极了。

晏殊看了，猛地触动了自己

翰林 是皇帝的文学侍从官，翰林院从唐代起开始设立，始为供职具有艺能人士的机构，但自唐玄宗后演变成了专门起草机密诏制的重要机构，院里任职的人称为翰林学士。北宋时期，翰林学士开始设为专职。

■《浣溪沙》

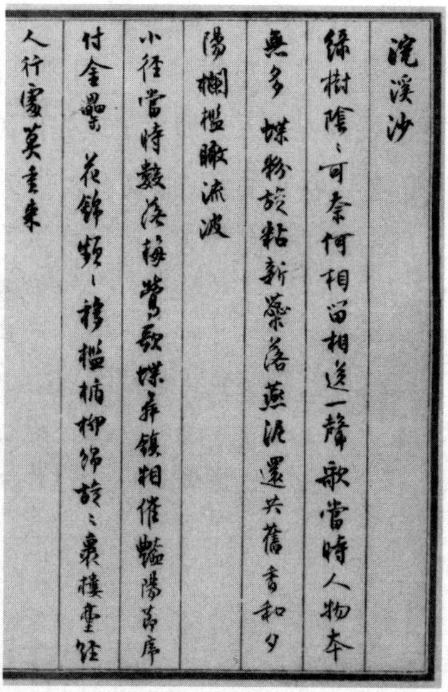

的心事，不由得对王琪说：“王先生，我每想出个好句子，就写在墙上，再琢磨下句。可有个句子，我想了好几年，也没琢磨出个好下句。”

王琪连忙问：“请大人说说是个什么句子？”

晏殊就念了一句：“无可奈何花落去。”

王琪听了，马上就说：“您干吗不对‘似曾相识燕归来？’”这句的意思是说，天气转暖，燕子从南方飞回来，这些燕子好像去年见过面。晏殊一听，拍手叫好，连声说：“妙，妙，太妙了！”

晏殊对这两句非常喜欢，他写过一首词《浣溪沙》，里边就用上了这副联语：

一曲新词酒一杯，去年天气旧亭台。
夕阳西下几时回，无可奈何花落去。
似曾相识燕归来，小园香径独徘徊。

晏殊对王琪很赞赏，回到京都后向宋仁宗推荐，得到宋仁宗认可，就调王琪入京城。王琪先任馆阁校勘，后又担任许多其他重要职务。晏殊在北宋文坛赫赫有名，这和他的诚实、才气有密切关系。

阅读链接

晏殊在宋代江西籍名人中是开风气之先人物，其后的欧阳修、王安石、曾巩、韩琦、富弼、范仲淹等无不深受其影响。就以范仲淹来说，要不是晏殊着意荐拔，以至曲意回护，他恐怕很难成为叱咤风云的人物。

晏殊最早兴办官学，居官达50年，政治上虽无重大建树，但公忠谋国、知人善任，对推动庆历新政是有贡献的。他自奉廉洁，为人风范为当世后人所仰慕。他的词上承南唐媚中求雅，对宋词的发展起着承前启后的作用。

开创新意

经世致用

明清时期的社会转型与文化重构，使我国经历了翻天覆地的变化。作为这一时期文化新潮流的代表，明清时期思想家们批判继承了传统的儒学体系，使儒家的诚信知报思想重新焕发了生机，出现了不同以往的活跃局面，具有了“经世致用”的鲜明特征。

明代两位帝王不忘大恩，以诚回报，为人们树立了遵守儒家道德准则的典范。而宋濂的坚守信义、曾彦的依律休妻、奢香的履行承诺，乃至于清代梁启超以诚信处世，无不体现了儒家诚信精神的巨大感召力。

明太祖知恩报乞丐

儒家知恩图报伦理思想经历了漫长的历史发展，传统伦理道德早已根植人心。至元末明初，即使当时正经历着翻天覆地的变化，但中华民族的有恩必报意识依然是那么地强烈。明太祖朱元璋就是一个知恩图报的典型。

明太祖朱元璋画像

那是在元代末年一个风雨交加的夜晚，一个秃头和尚跌跌撞撞地闯进了一座破庙，刚推开庙门，就一头栽在地上，晕了过去。庙里住着4个乞丐，正在煮汤喝，见到和尚晕倒过去，连忙将他抬到火堆边，用刚刚熬好的汤喂给他，好让他暖暖身子。

过了一会儿，和尚醒过来，

见到旁边有吃的，不管三七二十一抢过汤锅就一顿猛吃，不一会就吃了个精光。

3个小乞丐见状勃然大怒，叫嚷道：“你这和尚太不懂事，我们辛苦要来的食物，你怎么能一个人都吃光？”说完就要揍他。

一个老乞丐连忙劝住大家：“这个人正在生病，多吃点就多吃点吧，何况已经吃光了，即便揍他一顿又有什么用呢！”说完将和尚安顿在破庙的一个角落里休息。

■ 明太祖坐像

和尚觉得刚才吃得很香，就问老乞丐说：“请问，这是什么东西做的？怎么这么好吃？”

老乞丐笑着说：“都是些剩菜剩饭，不过我们都叫它‘珍珠翡翠白玉汤’。”

和尚心里记住这个名字，并问老乞丐姓名，说以后一定报答他。老乞丐连连摇头，却始终没有告诉和尚他的真实姓名。

第二天清晨，乞丐睡醒后突然发现那个和尚不见了，连带着那个汤锅也不见了踪影。大家都知道是那个和尚干的，纷纷咒骂不停，只有老乞丐不吱声。

许多年过去后，当年的和尚成了大明帝国开国皇帝，他就是明太祖朱元璋。

朱元璋出生于安徽凤阳，当年这里缺水，十年九荒，经济十分落后。在这个艰难的环境下，朱元璋出

庙 世间的圣达贤人去世之后，都可以建造庙宇，像孔庙、二王庙等都是敬仰圣贤的地方。庙通“妙”，所以庙是妙法真如的地方，应当顶礼进行膜拜。寺庙很庄严，庙内的每一寸土地都不能随意更改，并且有着严格的等级制度。

■ 明太祖朱元璋

家做了和尚，后来又到处流浪乞讨。破庙里的故事就是在流浪期间发生的。

朱元璋最后投在郭子兴旗下。郭子兴见朱元璋状貌奇伟，异于常人，遂留置为亲信兵，屡次率兵出征，有攻必克。

1368年正月，朱元璋在应天称帝，他就是明太祖。这一天，明太祖忽然想起了落魄时吃过的那顿汤，就命人四处张贴皇榜，重金寻找会做“珍珠翡翠白玉汤”的人。

皇榜发出之后几个月，那4个乞丐偶然听到了这个消息，这才知道当今皇帝竟然是当年的落魄和尚，欢呼雀跃。他们想，当年怎么说也救过皇帝一命，这回要是能进京见到皇帝，一定能得到赏赐。

于是，3个小乞丐就嚷着要进京，但老乞丐不但不想去，还处处阻拦不让他们去，神态渐渐有些疯癫，不是偷他们的铜钱，就是撕破他们的衣服，打破煮饭的锅碗。3个小乞丐气恼不过，狠狠揍了老乞丐一顿后，这才上京觐见皇帝。

明太祖热情地接见了小乞丐们，确认是当年破庙的乞丐后，高兴地赏赐他们每人一份厚礼，并追问老乞丐的下落。

3个小乞丐看着手里的金银，心里却记恨老乞丐

应天 南京的古称，也叫“集庆”“金陵”。1356年，朱元璋亲自带兵分三路进攻集庆，用了10天时间攻破了集庆，并改集庆为“应天”。建立明朝后，朱元璋将集庆路改为“应天府”，定为首都，1378年改称“京师”。1421年明成祖北迁，以北京为京师，恢复南京之名，作为留都。

阻挡他们获取荣华富贵的恶行，又担心老乞丐得到比他们更多的赏赐，就异口同声地说老乞丐病死了。

明太祖连连惋惜，下旨追封老乞丐为“天下第一义丐”，并要求3个小乞丐为群臣做一次“珍珠翡翠白玉汤”。

3个小乞丐拿出毕生所学，按照这么多年的一贯做法，用白菜帮子、烂菜叶子、馊米饭做成了那道让群臣闻名已久的“珍珠翡翠白玉汤”。

第二天，皇帝大宴群臣，主菜就是那道著名的“珍珠翡翠白玉汤”。谁知，大臣们非但不说好喝，几个侍郎竟然当庭呕吐不止。有的大臣身体原本虚弱，吃了这个汤，连连呕吐，竟然不省人事。

明太祖勃然大怒，痛斥小乞丐们冒名顶替，谋害大臣，最后以欺君之罪将3个小乞丐治了罪。

早已逃离破庙的老乞丐闻知此事，就上京要求面

侍郎 古代官名。汉代郎官的一种，本为宫廷的近侍。东汉以后，尚书的属官，初任称“郎中”。唐代以后，中书、门下二省及尚书省所属各部均以侍郎为长官之副，官位渐高。明代在中央设置吏、户、礼、工、刑、兵6部，与前代相比，明代最初在每部增加尚书侍郎各一。

■ 明太祖朱元璋

见圣上。几番周折，他终于见到了皇上。

明太祖对老乞丐说：“怪我事务比较繁忙，竟没有早些找到您。现在好了，您可以享享福了！”说完，也请老乞丐做那道“珍珠翡翠白玉汤”。

老乞丐很聪明，他暗想：皇上其实已经对真的“珍珠翡翠白玉汤”不感兴趣，我不妨来个仿制品碰碰运气。因此，他便以鱼龙代珍珠，以红柿子切条代翡，以菠菜代翠，以豆腐加馅代白玉，并浇以鱼骨汤。

老乞丐将此菜献上之后，明太祖和群臣一吃，感觉味道好极了，明太祖更是感觉与当年给他吃的一样美味。

吃过了“珍珠翡翠白玉汤”，朱元璋说：“皇榜上说得清楚，有会做珍珠翡翠白玉汤者，重重有赏。今天您做的‘珍珠翡翠白玉汤’味道鲜美，我和众爱卿一致赞扬。那就赏你白银5000两，回去娶媳妇，买点地，好好过日子吧！”

老乞丐得了赏钱后，便告病回家了，并且把这道当今皇帝喜欢的菜传给了凤阳父老。

阅读链接

朱元璋小时候给人放牛，有一天正仰在地上睡觉，刘伯温路过此地，发现这个放牛娃的样子很像一个“天”字，就折了一根草在他脚板底下挠起了痒痒。朱元璋脚下难受，又翻个身摆个姿势。

刘伯温看到这个睡姿，不觉大吃一惊，这不是一个“子”字吗？和刚才的那个“天”字合在一起，正是“天子”二字。

刘伯温这次出门，是寻找能安邦定国的人。从此，刘伯温就跟定了朱元璋。后来，朱元璋在刘伯温的协助下，果然打下了天下，建立了大明王朝。

明成祖建寺报母恩

明太祖朱元璋不忘大恩报答乞丐，似乎也感染了他的儿子朱棣。朱棣是明代第三位皇帝，即明成祖，是朱元璋的第四子，他不忘母亲养育之恩，建寺纪念母亲。

南京曾经有一座非常雄伟漂亮的大报恩寺，据史料记载，它是由明成祖朱棣建造，建寺的目的是纪念他的母亲。

明成祖朱棣像

1399年，朱棣登上帝位后，当时南京城内曾经谣言四起，有人说他篡位，也有人说他不是朱元璋的原配夫人马皇后所生，血缘不正统。

为了安定人心，证明自己出身正统，朱棣决定在南京建造大报恩寺以及琉璃塔，以感

■ 明成祖像

谢母亲马皇后的“养育之恩”。

然而，奇怪的是，寺庙建好后，其中的一座正殿却一直大门紧闭，里面供奉着什么谁也说不清。直至清军入关，明朝亡后，这座大殿的神秘面纱才被揭开。原来，大殿里供奉的不是马皇后，而是硕妃的牌位。

硕妃是朱元璋的一位妃子。据明代的史料记载，“硕妃，生成祖文皇帝”，意思是说，硕妃才是明成祖朱棣的亲生母亲。

据说，硕妃生下朱棣后不久又再次怀孕，可惜怀胎不足10月便早产了。在现代人看来，早产是很平常的事情，但在当时妇女早产往往被视为不忠。朱元璋怀疑硕妃与他人通奸，于是处死了碽妃。

硕妃为朱元璋生了两个儿子以后便含冤死去。为了报答生母硕妃的生育之恩，朱棣特意修建了大报恩寺，但他在当时名义上说“为了感谢马皇后的养育之恩”，以制止人们的谣言。

工程于1412年开工，直至朱棣去世时还没有完工。工程竣工时，已是朱棣的孙子明宣宗朱瞻基在位时期。整个工程建造的时间长达17年，共耗银248万两。可见朱棣用心之诚。

朱棣为了修建大报恩寺的琉璃宝塔，从全国召集了大批的工匠在南京郊外的窑岗村一带，设立了72座官窑，烧造建塔所需的琉璃构件。

硕妃 明太祖朱元璋的妃子，明成祖朱棣生母。这个事实却记于主管礼仪的机构太常寺的《南京太常寺志》中。朱棣曾经把自己从一个妃子所生的历史事实篡改成马皇后所生，以嫡出的身份来正名自己的皇帝位置，硕妃因此被湮没在了历史之河中。

这些琉璃构件以陶土为胎，经过1200℃的高温烧制后，在表面涂上金属含量不同的釉，然后再送入800℃的低温窑中烧制，才能完成。

陶土 是指含有铁质而带黄褐色、灰白色、红紫色等色调，具有良好可塑性的黏土。矿物成分复杂，主要由高岭石、水白云母、蒙脱石、石英和长石组成，以蒙脱石、高岭土为主。颗粒大小不一，具吸水性和吸附性，颜色不纯。陶土主要用作烧制外墙、地砖、陶器具等。

正是意识到琉璃烧造的难度，朱棣才下令让工匠每组构件都要烧制两份以上以备替换。琉璃构件均为陶质，上面施有黄、绿、赭等彩釉。因为釉层较厚，看上去流光溢彩，有着非常强烈的玻璃质感。这些光彩夺目的琉璃构件上还装饰着各种图案。

有的上面装饰有龙纹，呈扇形，由两部分拼接而成。上面雕刻的是呈行走状态的四爪龙，它圆目长角，口衔莲花，背部长有鳍，花叶形的龙尾，显得强劲有力。

有的琉璃构件上是一个美丽的飞天造型。飞天，在我国古人眼中是能歌善舞的仙人。琉璃构件上的飞天人首蛇身，脸庞饱满，双手合十，在卷草纹的衬托下，显得庄严而圣洁。

■ 明成祖像

有的琉璃构件上浮雕着一头白象。白象卷鼻长牙，身上背负着莲座，正缓缓前行，它的背后同样衬有卷草纹图案。有的琉璃构件上有一只飞羊，飞羊腹部长着一对翅膀，前蹄跃起，好像要腾空飞翔。这只飞羊是佛教中护法神的仆从和坐骑。

南京大报恩寺建成以后，

寺内高近80米的琉璃塔均采用五彩琉璃砖做装饰，非常华丽，是当时南京的标志性建筑。

大报恩寺琉璃塔的塔座为五色莲台，塔体共有9层，外形为八边形，塔的每层、每面都有一个拱门，拱门用赤、橙、绿、白、青五色琉璃贴面，上面还装饰有飞天、雷神、狮子、白象和花卉等图案，造型十分华丽。

琉璃塔顶有黄金制成的宝顶，下面建有相轮和承盘。塔顶和每层飞檐下都悬挂风铃，每当清风袭来，风铃就会发出清脆的铃声。佛塔内还安置有146盏长明灯，这些油灯白天光亮耀日，夜晚如悬挂的火龙，数十里外都能看得见。

大报恩寺建成以后，成为当时江南地区的佛教中心。当时掌管全国佛教事务的机构僧录司就设在寺内。

南京大报恩寺在明清时期佛教界有着很高的地位，吸引着无数的信众前来膜拜。然而令人遗憾的是，1856年，也就是清代咸丰皇帝统治时期，大报恩寺和寺内的五彩琉璃塔毁于战火。

如今，我们只能通过这些精美的琉璃构件，来领略琉璃塔昔日的壮丽景象。但朱棣建寺报母恩的故事，在后世广泛流传。

阅读链接

朱棣的生母是谁，数百年来一直扑朔迷离。对帝王家来说，嫡子和庶子在名分上有重大差别。按照封建宗法制度，皇帝去世了，皇位要由嫡长子继承。即使嫡长子死得早，如果嫡长子有儿子，也要由嫡长子的嫡长子来继承，其他庶子则不得觊觎。

其实，经历代学者考证，朱棣的生母不是马皇后。有野史记载碽妃才是朱棣生母，并且正史之中也能找到应对此项推测的证据。为了纪念生母，朱棣在南京建有大报恩寺，这也是有力的旁证。

宋濂一生坚守信义

除了明太祖朱元璋、明成祖朱棣不忘报恩外，明代儒生宋濂的坚守信义，同样值得大书特书。他是元末明初的著名学者，学识渊博，为人处世也非常讲信用。

宋濂从小时候起，就非常喜欢读书学习，钻研学问。但是他家里很贫穷，上不起学，连书都买不起，只好向有书的人借书读。宋濂学习十分刻苦，在学习条件相当困难的情况下，还是阅读了大量书籍。当他遇到好书的时候，爱不释手。可是书是借别人的，不能不还，于是他就夜以继日地把书抄写下来。

宋濂像

冬天，有时天气特别冷，外面滴水成冰，室内也非常冷，连

砚台 称为“研”，是由原始社会的研磨器演变而来。初期的砚，形态原始，是用一块小研石在一面磨平的石器上压墨丸研磨成墨汁。唐宋时期，广东肇庆的端砚、安徽歙县的歙砚、甘肃洮州的洮河砚、山西绛县的澄泥砚最为突出，称“四大名砚”。

砚台都结了冰，手指也冻得几乎拿不住笔了，但是他仍然坚持加紧抄书，抄完之后，及时把书还回去，从来没有耽误过还书的日期。

由于宋濂诚实守信用，不少人都信得过他，才肯把书借给他读。那些藏书多的人家，原本就对求学者支持，所以常常把书借给他读。

宋濂成年时，当地能读到的书，他几乎都读遍了。可是求学的要求更加迫切了，就常常到百里以外的地方去寻师求学。他手拿着经书向有道德有学问的前辈求教。

前辈道德高，名望大，门人学生挤满了他的房间，宋濂就站着陪侍在他左右，提出疑难，询问道理，低身侧耳向他请教；有时遭到他的训斥，表情更为恭敬，礼节更为周到，不敢再说一句话；等到他高兴时，就又向他请教。就这样，最终还是得到不少教益。

■ 宋濂书稿

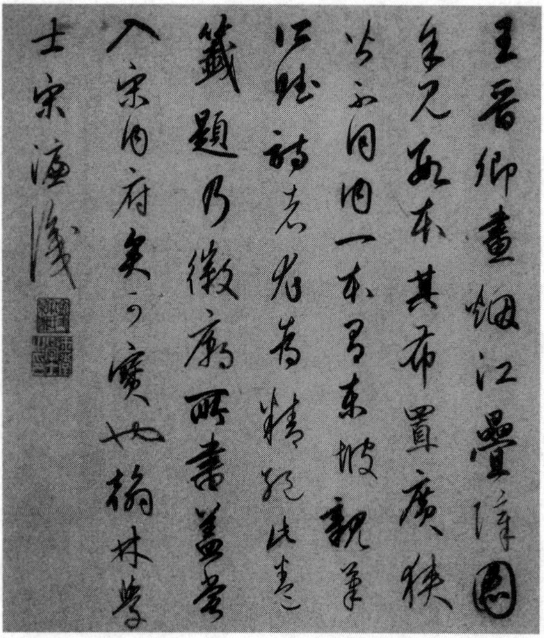

在求学过程中，有时还要背着行李，赶不回去，就随便找个地方住下来，忍饥挨冻也不灰心。

有一次，宋濂和一位名师约定上门求学，正好碰上下大雪的天气。上路之后，雪越下越大，路上的积雪几尺深，但他为了不失约，顾不得天降大雪，还是步行赶去了。宋濂背着书箱，拖着鞋子，行走在深山大谷之中，严冬寒风凛冽，大雪深达几尺，脚上的皮肤受冻裂开都不知道。到学舍后，四肢冻僵了不能动弹。

明成祖朱棣像

先生的仆人很热心，见这个书生为了求学受苦，很受感动，就用热水给他浇洗，用被子围盖在他身上，过了很久才暖和过来。

宋濂在外地学习，有时寄居在客店里，生活很艰苦，为了节省开支费用，一天只吃两顿饭，衣服穿得补了又补，很破旧。但他以求知为快乐，别的什么都不在意。就这样，宋濂数十年如一日地刻苦求学，终于取得了成就，被朝廷重用，就任江南儒学提举。

宋濂曾被明太祖朱元璋誉为“开国文臣之首”，他与高启、刘基并称为“明初诗文三大家”。开私家藏书风气者，首推宋濂。

宋濂庆幸自己得以置身于君子的行列中，承受着天子的恩宠荣耀，追随在公卿之后，每天陪侍着皇上，听候询问。因此，他在官场一直坚守“信义”二字，严于律己，从不说半点假话。

有一次，宋濂与客人饮酒，明太祖暗中派人去侦探察看，以考察他的诚实度。第二天，问宋濂昨天饮酒没有，座中的来客是谁，饭菜是什么，宋濂都以实话回答。

明太祖笑着说：“确实如此，你没有欺骗我。”

宋濂说："身为臣子，欺骗皇上，就犯了大逆。这绝不是为臣者该做的事情！"

明太祖曾经向宋濂问起大臣们的好坏，宋濂只举出那些好的大臣说说。明太祖问他原因，宋濂回答道："好的大臣和我交朋友，所以我了解他们；那些不好的，我不和他们交往，所以不会了解他们。"

宋濂的回答，有一说一，有二说二，这让明太祖十分满意。

有一次，主事茹太素上奏章1万多字。因行文太长，明太祖听说以后，便询问朝中的一些臣子。有人指着茹太素的奏章，说有的地方不合法制。

明太祖问宋濂，宋濂回答说："他只是对陛下尽忠罢了，陛下正广开言路，怎么能够重责他呢？"

不久，明太祖认真看了茹太素的奏章，觉得有值得采纳的内容。于是，又把朝臣都招来，斥责那些妄加评判的人。然后，口呼宋濂的字说："如果没有宋濂，我几乎错误地怪罪进谏的人。"

宋濂诚实做人做事，尽到了为臣之道，不仅受到明太祖的喜爱，也在同僚中树立了威信，更对明初的务实精神产生了积极的影响。

阅读链接

在古代文学史上，宋濂与刘基、高启并列为"明初诗文三大家"。宋濂坚持散文要明道致用、宗经师古，强调"辞达"，注意"通变"，要求"因事感触"而为文，所以他的散文内容比较充实，且有一定的艺术功力。

明王朝立国，朝廷礼乐制度多为宋濂所制定，刘基赞许他"当今文章第一"，四方学者称他为"太史公"。他的文章能抓住细节，突出性格，渲染无多，感染却深。有的篇章如《送东阳马生序》，成为后世教材。

曾彦执法依律休妻

明代信义之士能与宋濂媲美的还有曾彦。他以自己的方式，演绎了以诚处世的高风亮节。曾彦是明代泰和县沙村南坑人，他看到当时缺少一部完备的法律，许多事情处理起来非常难办，于是就想编著一部完备的法典。

曾彦夫妻图

曾彦为了尽快编出一部法典，就在荒郊野外搭起了一座茅房，整天在那里写呀，写呀，连家也不回，无论冬夏，一日三餐都由妻子送来。

这一天，曾彦的妻子又来给丈夫送午餐。曾彦望着日渐消瘦的妻子，心疼地说："为了让我写好这本书，你受了不少苦。现在好了，我的书就要

■ 曾母训子图

写完了，很快就可以回家了。”

妻子一听很高兴，温柔地说：“那太好了，可是你一定饿了，还是先吃完饭再说吧！”

曾彦掀开盖着饭篮的布，忽然发现3个水灵灵的大桃子放在篮子里，就问妻子：“我们家这么穷，你怎么还有钱给我买桃子吃？”

妻子笑着说：“不是买的，刚才我给你送饭正好路过李家的桃园，就顺手摘了几个，想让你尝个鲜，也好补补身子。”

曾彦愣了一下，问道：“李家的人在场吗？”

妻子说：“不在，可能是回家吃饭去了。”

曾彦突然大声说道：“你偷人家的桃子！”

妻子不以为然地说：“你说话怎么这么难听，都

休书 “休书”一词来自古时的不合理的社会法律制度，却是公认的、合法的。在我国封建社会，一般情况是男子写给妻子的。它是古代封建社会歧视女性极不合理的男尊女卑的封建制度离婚的手段，也可以说这也是当时的法律。

是熟人，摘几个桃子怎么能叫偷呢？”

曾彦说：“不经别人允许拿别人的东西就是偷。按照我编的法律，女人偷东西应该被休。”

曾彦拿起笔就写了一封休书，两眼含着泪水递给妻子，说：“虽然我也舍不得你走，可是法律是我编的，我必须诚实地遵守。你就回到娘家，另嫁一个好人家吧！”于是把休书交给他妻子。

妻子原以为丈夫是和她开玩笑，也没抬头看，只顾着给丈夫补衣服。后来发现丈夫的声音不对，抬头一看，他已经流下两行眼泪，这才知道丈夫是认真的。

妻子知道丈夫向来很讲诚信，没有特殊情况说出去的话是不会更改的。于是，她就拿着休书找到婆婆，哭着向婆婆讲事情的经过。

婆婆听了很生气，当时就领着儿媳妇去找儿子，见到儿子就大声训斥：“你这个没心肝的畜生，你整天躲在这里又写又画的，哪一件事情不是你媳妇操心，可是她却从无怨言。这么勤快贤惠的媳妇，你打着灯笼也难找，可是现在，你竟然还要休她。”

曾彦受封图

曾彦红着双眼，对母亲说：“我也知道她好。可是，做人一定要讲诚信，孩儿制定的法律，孩儿自己首先应该遵守。”

曾母生气地说：“你以为你是皇帝呀，可以颁布法律，真是不知道天高地厚！”

聪明的儿媳妇听婆婆这么说，受到了启发，理直气壮地说：“只有皇帝才有权颁布法律，你写的法典在没有被皇帝批准之前，只是一张废纸，现在，你根本就没有权力休了我！”

曾彦听妻子这么一说，顿时哑口无言。事实上，他自己原本也不想休掉跟随他多年的妻子，那么休妻的事就算了。但是他让妻子必须向桃园的主人道歉，他不想让妻子做一个不诚信的人。

后来，曾彦在明代成化年间中了状元，任翰林院修撰、侍讲学士等职。他把自己编的法典呈给皇上，皇上很高兴，还专门让他带领一批人重新修订法律。曾彦退休回乡后，在居所的门楼上亲笔书写一副对联表明了他甘于淡泊的心迹：

尚诗书琴瑟之清素；远钟鼓纨绔之哗喧。

阅读链接

曾彦在中状元之前，曾经在一家小店做工。

有一天他挑着货物回店，在一栋祠堂的廊下歇肩时，突然听祠堂后厅传来琅琅读书声，就连忙走进祠堂前厅，坐在天井里听。不知过了多久，天下起了大雨。等下课了，雨也停了，曾彦却发现斜飘的雨水淋湿了箩筐里的货物，他硬着头皮将货物挑回店里。

店主本是个读书人，听说曾彦是因听讲入迷而损了货物，很理解他，便不再让曾彦当挑夫，留在店里打点生意。茶余饭后，两人谈古论今，成为忘年之交。

奢香夫人履行诺言

奢香夫人塑像

如果说宋濂和曾彦是明代信义之士，那么奢香夫人遵守诚信的方式更有特点。她在险恶的政治环境中履行诺言，更显示出了“巾帼不让须眉”的忠肝义胆。

奢香是明代四川永宁宣抚司人，即现在的四川叙永、古蔺一带。黔西黔部土官霭翠之妻，彝族。她履行诺言，在促进民族团结方面曾做出了卓越的贡献。

1381年，霭翠去世，奢香因为其子年幼，代贵州宣

■彝族少女画像

慰使职务。奢香摄政后，正值明王朝揭开消灭故元梁王政权统一云南之战的帷幕。

盘踞在云南的元代残余割据势力，视云、贵、川三省交界处的黔西北为军事重地，暗中与这一带的土酋相勾结，企图屯兵固守，阻止明军征讨。

奢香审时度势，以国家统一为重，坚持不卷入使西南分裂割据的旋涡，积极让明军在水西境内安营扎寨，主动贡马、献粮、通道，支持明军经贵州进伐云南。

奢香还凭借水西与西南彝族各部的宗族姻亲关系，亲自出访乌撒，即今威宁、芒部，以及云南镇雄等地，向诸土酋宣以大义，晓以利害，进行劝说开导，从而使割据势力失去支持。

在当时，明王朝派驻贵州的都指挥使马烨，执文化偏见，视奢香为“鬼方蛮女”，对其摄贵州宣慰使职政绩卓著忌恨不满；又好事贪功，对“改土归流”急于求成，不顾当地民情，企图以打击彝族各部头领为突破口，一举消灭贵州少数民族地方势力，达到邀功朝廷、专横贵州的目的。因水西奢香力量最强，就把矛头对准奢香。

为此，马烨做了充分的武装准备等待机会。这时，有人污蔑奢香，马烨即借机将奢香抓到贵阳，用

水西 指彝族六组分宗的默支系慕齐齐之后裔妥阿哲所建立的勾则，是彝族政权名，下辖水西地方。泛指贵州鸭池河以西广大地区，包括现在毕节地区大部及六盘水市部分。即元明两代彝族土司贵州宣慰使司辖地。

彝族最忌讳的侮辱人格的手段，命手下壮士扒光其衣服进行鞭笞。

马烨之举，严重激化了民族矛盾，引起广大彝族人民的不满，人们骂他为“活阎王”。彝族各部愿死力助奢香反抗。一场轰轰烈烈的武装起义即将爆发。

当此千钧一发之际，贵州宣慰同知宋钦的妻子刘淑贞认为不可动用干戈，她一方面劝告奢香暂不发兵，一方面偕其子上京师控告马烨的罪恶阴谋，并建议皇帝召见奢香，亲自处理这个案件。明太祖朱元璋欣然采纳了刘淑贞的意见。

1383年，奢香率土酋15人随刘淑贞到达金陵，面见明太祖，揭发了马烨激变诸罗欲反的情况。朱元璋召回马烨，历数其罪，并处以死刑。同时，为奢香平反，并赐奢香以锦衣、珠翠、如意冠、金环、袭衣等物。

奢香为了报答明太祖，答应回贵州后一定很好地向彝族人民解释，世世代代搞好民族团结，并愿修从四川到贵州的交通路线，以加强贵州同内地的政治、经济、文化联系。

重义轻利的奢香返回贵州后，忠实地履行了自己的诺言。她首先把彝族首领和人民安定下来，接着，以偏桥即今施秉县为中心，开筑了两条驿

同知 明清时期官名。同知为知府的副职，正五品，因事而设，每府设一两人，无定员。同知负责分掌地方盐、粮、捕盗、江防、海疆、河工、水利以及清理军籍、抚绥民夷等事务，同知办事衙署称“厅”。另有知州的副职称为州同知，从六品，无定员，分掌本州内诸事务。

■ 彝族少女画像

■ 奢香塑像

道：一条向西，经水东，过乌撒即今威宁，到乌蒙即今云南昭通；一条向北，经草塘即今瓮安县东北草塘区，到容山，即今湄潭县，全程200余千米。

与此同时，还在水西境内建立了龙场等9条官驿大道。其中，自龙场驿，即今修文县至陆广驿，即今修文县陆广区约25千米，再至谷里驿，即今黔西县谷里区约40千米，再至四水驿，即今黔西县城侧约30千米，再至奢香驿，即今大方县西溪地区约25千米，再至金鸡驿，即今大方县里归化区约25千米，再至阁鸦驿，即今大方县阁鸦地区约25千米，再至归化驿，即今大方县归化地区约15千米，再至毕节驿，即今毕节县城约15千米。

宣慰司 是介于省与州之间的一种偏重于军事的监司机构，一般掌管军民之事。它是朝廷机构，最早见于金代，至明清时期只在少数民族聚居地区设立，宣慰司数量比前朝要少。宣慰司长官官称“宣慰使”，是承上启下的一个地方区划的军政最高长官。

这9条官驿大道，纵横贵州，接连湘、川、滇三省，为加强贵州同中原地区的密切联系，逐步改变云、贵少数民族地区的闭塞状态，发展当地的政治、经济、文化，起了很大的作用。“龙场九驿”成为奢香为国为民建树辉煌业绩中的一座丰碑。

奢香多次到金陵，通过朝觐、禀呈政务、输赋、进贡地方物产和马匹等活动，使贵州和明王朝中央政权的关系更加密切起来。

通过广泛地接触汉族地区文化，奢香开阔了眼界，深感贵州远在边陲，贫困落后，决心亲倡文明。在摄政期间，她多方结识中原内地的才人学士，聘迎汉儒到贵州宣慰司兴办学校传播汉文化；招来能工巧匠传授先进的耕织技术，开置农田发展生产；倡导彝汉融和安居乐业。

1390年，奢香将长大成人的独子阿期陇派到金陵，进入京师太学读书，明太祖特下诏谕国子监官，“善为训教，庶不负远人慕学之心”。阿期陇两年后学成欲归之际，明太祖赐予三品朝服并袭衣、金带等，并钦赐姓“安”。

1392年10月，奢香派遣子媳奢助及把事头目允则陇，带上被朱元璋赐名“飞越峰”的水西名马60匹入朝献恩。经过奢香的勤政治理，苦心经营，使莽莽黔

国子监 是我国古代隋朝以后的中央官学，为我国古代教育体系中的最高学府，又称国子学或国子寺。明朝时期行使双京制，在南京、北京分别设有国子监，设在南京的国子监称为“南监”或“南雍”，而设在北京的国子监称为“北监”或“北雍”。

■ 朱元璋像

朱元璋御赐甲第

山彝岭的水西地区，社会安定，民族和睦相处，经济发展，文明气象日昌。

1396年，奢香积劳成疾而与世长辞。明太祖遣专使祭之，诰封奢香为“大明顺德夫人”，钦差择地葬于大方城北云龙山下。

奢香意笃忠贞，志坚如金石，名垂于竹帛。她那种顾全大局、爱国爱乡的情结，以及履行承诺，绝不食言的精神，即使再过若干世纪，也是值得我们推崇的价值观念。

阅读链接

奢香之所以能够实现自己的明智抉择和正确政治主张，是与朱元璋治理贵州的方略分不开的。朱元璋的指导方针是保持贵州等地方基本安定秩序，而不刻意过早干预具体事务。

这种边缘地区的政略，是很高明的。当时中央派往贵州的官员一般对当地少数民族怀歧视心理，与朱元璋相比，则短视得多。因此，奢香与包括马烨在内的封疆大员之间存在矛盾是必然的。奢香正是在这种大的政治背景与文化生态下，凸显出她的大局意识与政治智慧。

梁启超的诚实与信守

清代末期是个大变革的时代，传统道德伦理也在经历着现实环境的考问。而当时的著名学者梁启超却能够以异于常人的诚实与守信，在“万马齐喑”的环境中，为世人树立起一座不朽的道德丰碑。

梁启超画像

梁启超自幼即有“神童”美誉，6岁入私塾学习，8岁学写文章。这都源于他小时候接受了很好的家教。

梁启超的祖父叫梁维清，是梁氏家族有史以来的第一个秀才，曾做过管理一县文教事业的教谕。但因看不惯官场的腐败，不久他便辞职回乡执教，并购得10多亩地，过起了“半为农者半为儒”的生活，成为一个典型的

■ 梁启超手迹

乡村士绅。

梁维清在家庭里十分重视对子孙的教育。他除在自家空地上筑一小书斋，供诸孙读书识字外，平常特别注意引导儿孙树立忠孝观念。

茶坑村有一座古庙，构筑精细，风格典雅，内藏40多幅古画，另挂有历史上有作为的24位忠臣图像和在民间流传极广的24位大孝子的肖像画。每当元宵佳节，庙内灯火通明，彩带飘舞，百姓在赏灯之余，领略这些名臣、孝子的忠孝精神。

梁维清把这种节日观光看作教育子女的一个很好机会，每年正月十五必带子孙进庙观画，一一向他们讲述。梁维清身上表现出来的儒家文化品格，使梁启超从小受到了积极的熏陶。

书香 古人为防止蠹虫咬食书籍，便在书中放置一种芸香草，这种草有一种清香之气，夹有这种草的书籍打开之后清香袭人，故称之为“书香”。书香亦可指书中文字的内容，亦指有读书先辈的人家 ，书香人家、世代书香，以及读书风气、读书习尚等。

梁启超的父亲叫梁宝瑛，在科场上很不得意，屡试不第，30岁以后便绝意仕途，教授乡里，靠着从父亲那里继承的六七亩田和教书所得，继续过着半耕半读的生活。

在待人处事上，梁宝瑛秉承父风，勤奋，俭朴，自尊，诚信，律己严，待人宽，在乡邻中间也颇有威信。在家教上，梁宝瑛由于自己未能博取任何功名，因此把全部的希望都寄托在下一代身上，对梁启超要求也特别严格。他除教梁启超读书作文外，还教导他注意道德品质的修养，注重修身济世。

为不使梁启超染上游手好闲的纨绔之习，败坏勤俭节约的家风，梁宝瑛要求梁启超在读书之余，必须参加劳动。他一再告诫梁启超，不能以普通孩子要求自己，要从小立志，做一个摆脱平庸的人。

梁启超的母亲赵氏，出身于书香门第，以贤孝闻名全乡。梁启超6岁时有一次撒谎，赵氏严以管教，让他再也不许撒谎。母亲的教诲使他逐渐明白了诚实为人的道理。在这样的家教环境中梁启超健康成长。

1884年，12岁的梁启超离开自己的家乡熊子乡，坐船前往广州参加学院考试。到广州后他租了一间公寓，认真读书、学习。

考试时他对答如流，中了秀才。主考官是广东学政叶大绰。他看到学子们的成绩很好，心中十分高兴，特地接见了被录取的学子。被接见后，学子们一

秀才　别称茂才，原指才之秀者，始见于《管子·小匡》。汉代以来成荐举人才的科目之一。亦曾作为学校生员的专称。读书人被称为秀才始于明清时代，但“秀才”之名却源于南北朝时期。其实“秀才”原本并非泛指读书人，《礼记》称才能秀异之士为“秀士”，这是“秀才”一词的最早来源。最早有秀才之称的，是西汉初期的贾谊。

■ 梁启超创办的《知新报》

对联　又称楹联或对子，是写在纸、布上或刻在竹子、木头、柱子上的对偶语句，其对仗工整、平仄协调、字数相同、结构相同，是一字一音的中文语言的独特艺术形式。对联相传起于五代后蜀主孟昶。它是中华民族的文化瑰宝。

个个都走了，只剩下年少的梁启超没有动。

叶大绰感到奇怪，问他为什么不走。

梁启超很有礼貌地说："叶大人，学生有件事恳求您帮忙。"

小小的学子，竟敢在三品大员学政面前提出要求，叶大绰先是吃了一惊，然后笑着说："你有什么请求，请说来听听。"

叶大绰态度和蔼可亲，梁启超听后，十分激动，说："学生临来考试时，对祖父许下了诺言。如果我这次考试被录取，就请求主考大人给祖父写一幅诞辰寿言的对联。"

主考官想弄清梁启超的想法，问道："你为什么

■ 戊戌变法时的梁启超

■ 戊戌风云中的梁启超

想到要这样做呢？”

梁启超深情地说：“我的祖父虽然一生没有中举人，但他用毕生的精力辛勤地培养我。我今天能够考上，全亏祖父培育之恩。今年，祖父刚好70大寿，作为孙子，我应该感谢他，最好的礼物就是写一条寿言，既肯定他的一生，又表扬他的精神。我想来想去，觉得只有学政大人写的寿言才能满足这两个意思。如果您能写一赠言给他，这是最大的安慰和礼物。因此，我冒昧地求大人帮忙。”

叶大绰听了梁启超的话，觉得他是个诚实的孩子，说的是真心话。他被梁启超的忠诚感动了，于是接受了梁启超的请求，挥笔为梁老先生写了寿言。

梁启超回到家乡，他的父母都很高兴，祖父接过寿言，早已乐得合不拢嘴了。

父亲问梁启超是怎么想起让学政大人写寿言的。

举人 本意是指被荐举的人。汉代实行取士制度，无考试之法，朝廷令郡国守相荐举贤才，因以“举人”称所举之人。唐、宋时期设有进士科，凡应科目经有司贡举者，都被称举人。到了明、清时期，则称乡试中试的人为举人，也称大会状、大春元。

■ 梁启超塑像

梁启超说："我临走时，祖父问我，这次考试有没有把握。我说，有把握。如果我考中了就请主考官大人给您写一条寿言。考试后我被录取了，我要实现我的诺言。于是，我就如实地将我的想法告诉了学政大人。学政大人听了我的话后，真的答应了我的请求！"

祖父说："超儿很诚实，而学政大人喜欢诚实的孩子，于是，学政大人就写下了如此有意义的寿言了，这正是'心诚则灵'嘛！"

梁启超成家立业后，在对几个子女的教育中，始终把诚信教育摆在非常重要的地位。他要求子女待人真诚、不准撒谎。他经常告诫子女，一个不诚实的人要想在社会上立足是很困难的。

梁启超对待朋友更是以诚为本。曾习经是清代晚期的一个官员、著名诗人，他与梁启超友谊深厚是莫逆之交。梁启超十分佩服曾习经的诗才，两人不仅志趣爱好相投，而且同为国难，忧心如焚。

梁启超参加变法失败后，清代朝廷到处捕杀维新派人物时，曾习经曾在暗中为梁启超提供帮助，使他得以逃亡日本免遭惨杀。

1926年农历六月，曾习经60岁生日，梁启超亲自

学政 古代学官名。管教育科举，简称"学台"，与巡抚、巡按属同级别正三品。"提督学政"的简称，是由朝廷委派到各省主持院试，并督察各地学官的官员。学政一般由翰林院或进士出身的京官担任，主管行政。

登门为他祝寿。刚坐下不久，曾习经便拿出由他亲手选定的诗稿交给梁启超，希望他能为其校定刊行。梁启超欣然应诺。

不久，曾习经因长兄、老母相继去世，自己也患痈疽恶疾，一病不起。梁启超去探望曾习经时，只见痈疽已溃破，十分痛苦，伤感之下唯有送点钱以表慰问。

曾习经病逝后，梁启超在悲痛之余，便履行诺言，会同叶玉虎等人把曾习经的遗作影印出版，定名为《蛰庵诗存》。梁启超还应叶玉虎之请，为该书作了热情洋溢的序言，对曾习经在官的功绩及其诗才、为人等作了很高的评价。

林徽因在美国留学期间，梁启超积极予以鼓励和支持，给了她巨大的精神动力和安慰。由于她父亲的突然去世，她失去了经济来源。

正当林徽因准备中断学业时，梁启超去信说："徽音留学，总要以和你同时归国为度。学费不成问题，只算我多一个女儿在外留学便了。"

为了实现诺言，梁启超动用自己的存款，甚至说"只好对付一天是一天，明年再说明年的话"。可见，梁启超早已把林徽因当作自己的后人，因而才如此关爱有加。

正是在梁启超的大力帮助下，林徽因才得以完成学业。后来成了著名建筑师、诗人和作家。

梁启超对于自己参加的社会活

梁启超塑像

动，他本着自己的内心，真诚地说：“这绝不是什么意气之争，或争权夺利的问题，而是我的中心思想和一贯主张决定的。我的中心思想是什么呢？就是爱国。我的一贯主张是什么呢？就是救国。”“知我罪我，让天下后世评说，我梁启超就是这样一个人而已。”

古代的史官为了给后代留下“信史”而不惜杀头，梁启超也是毅然拒绝袁世凯的重金收买，而写出了揭露窃国大盗恢复封建帝制的《异哉所谓国体问题者》。

梁启超具有真诚的宽容之心。1926年3月8日，他因尿血症入住协和医院，一时舆论哗然。梁启超毅然在《晨报》上发表《我的病与协和医院》一文，公开为协和医院辩护，并申明：

> 我盼望社会上，别要借我这回病为口实，生出一种反动的怪论，为中国医学前途进步之障碍。

梁启超以诚信之心做人做事，在近代史上树立了一个坐标，是儒家诚信道德思想的积极实践者，值得后人学习。

阅读链接

梁启超被公认为是清代最优秀的学者，我国历史上一位百科全书式人物，而且是一位能在退出政治舞台后仍在学术研究上取得巨大成就的少有人物。他于学术研究涉猎广泛，在哲学、文学、史学、经学、法学、伦理学、宗教学等领域，均有建树，以史学研究成绩最显著。

梁启超是我国第一个在文章中使用“中华民族”一词的人，他还从日文汉字中吸收了非常多的新词，“经济”“组织”干部”等，皆始于梁启超先生。